家居建材销售
超级口才训练与实战技巧

任学武◎编著

中国铁道出版社有限公司
CHINA RAILWAY PUBLISHING HOUSE CO., LTD.

内 容 简 介

家居建材导购是整个家居建材销售中最为关键的工作，是把产品转换成货币的重要环节，而导购正是实现这一环节的关键人物。让顾客把钱掏出来购买产品是一个艰难的过程，导购必须要有充足的、让其信服的理由。要想做到这一点，家居建材导购就必须掌握在不同情境下与顾客沟通的方法与技巧。

本书立足于家居建材导购的工作内容，通过 100 个真实情景案例，采用"错误应对+情景解析+实用技巧"的形式，向家居建材导购详细阐述了与顾客沟通过程中可能遇到的各种问题及应对方法，列举了实际销售中最常见、最典型的销售案例，力争让读者在真实的销售情景中学习并掌握各种导购方法和技巧。本书特别适合家居建材导购、家居建材销售培训师和从事与家居建材行业相关工作的人士阅读使用。

图书在版编目（ＣＩＰ）数据

家居建材销售超级口才训练与实战技巧/任学武编著.—北京：
中国铁道出版社有限公司，2020.6
ISBN 978-7-113-26699-8

Ⅰ.①家… Ⅱ.①任… Ⅲ.①建筑材料-销售-口才学 Ⅳ.①F765

中国版本图书馆 CIP 数据核字(2020)第 037296 号

书　　名：	**家居建材销售超级口才训练与实战技巧**
作　　者：	任学武

策　　划：	巨　凤	**读者热线电话：**（010）63560056	
责任编辑：	王　佩	**编辑助理：** 王伟彤	
责任印制：	赵星辰	**封面设计：** 仙　境	

出版发行： 中国铁道出版社有限公司（100054，北京市西城区右安门西街 8 号）
印　　刷： 三河市宏盛印务有限公司
版　　次： 2020 年 6 月第 1 版　2020 年 6 月第 1 次印刷
开　　本： 700 mm×1 000 mm 1/16　**印张：** 13　**字数：** 234 千
书　　号： ISBN 978-7-113-26699-8
定　　价： 55.00 元

前 言

FOREWORD

从目前的家居建材行业来看，门店终端的竞争越来越激烈，而终端竞争的核心就是导购销售能力的比拼。因为店面形象、装修陈列、产品款式等日趋同质化，只有销售环节中代表企业形象和服务水平的终端导购所表现出来的状态和行为才是难以模仿的。

世界上没有卖不出去的产品，只有卖不出产品的销售。换言之，成功的销售不仅要依靠一流的产品，更需要优秀的导购。优秀的导购可以让门店的销售额不断攀升。如果导购的沟通能力欠佳，即使门店装修得再豪华，产品的质量再好，可能也会无人问津、惨淡收场。

家居建材产品一般价格高、使用时间长，所以顾客在选购时大都谨小慎微，权衡再三，这也增加了导购工作的难度。因此，快速提升自己的销售口才以及在不同情境下处理各种销售问题的综合能力，是广大家居建材导购人员最感兴趣，也是最迫切需要解决的。

本书针对家居建材销售人员在销售过程中可能遇到的各种问题，进行了全方位的展示与解析。全书以"错误应对+情景解析+实用技巧"的形式将家居建材产品销售过程中常见的情景逐一展示，并给出了有效解决问题的应对方法与技巧。针对家居建材产品销售的每一个环节，本书会通过情景再现的形式指出导购在沟通过程中可能犯的错误并加以分析，然后给出正确的情景应对方法，并分析沟通对话的关键点，帮助导购人员真正理解并掌握相关的销售口才应用技巧。

本书共 8 章，内容主要包括：接待顾客获得好感情景口才训练与实战技巧、探询顾客需求情景口才训练与实战技巧、巧妙推介产品情景口才训练与实战技巧、应对顾客拒绝情景口才训练与实战技巧、消除顾客价格异议情景口才训练与实战技巧、突破成交障碍情景口才训练与实战技巧、送货安装环节情景口才训练与实战技巧、解决售后投诉情景口才训练与实战技巧，向导购详细阐述了销售实践中可能遇到的各种问题及解决方法，具有很强的借鉴参考价值，能让导购在面对同样的情景时轻松自如，游刃有余，从而大幅度提高销售业绩。

本书旨在帮助家居建材门店导购实实在在地分析与解决销售工作中各种常见或棘手的问题，实用性很强，特别适合家居建材门店导购人员和从事与家居建材行业相关工作的人士阅读。

任学武

2019 年 12 月

CONTENTS
家居建材销售超级口才训练与实战技巧

目 录

第3章　巧妙推介产品情景口才训练与实战技巧

第4章　应对顾客拒绝情景口才训练与实战技巧

第5章 消除顾客价格异议情景口才训练与实战技巧

第6章 突破成交障碍情景口才训练与实战技巧

第1章

Chapter 01

接待顾客获得好感情景口才训练与实战技巧

销售口才

> 导购既是销售员，又是服务员；既是宣传员，又是理货员；既是情报员，也是公关员，更是一个产品最直接的形象代言人。能否让顾客对你产生好感，很大程度上决定于我们与顾客最初接触的30秒。

01 情景演练 看到顾客踏入自己的家居建材门店

NO ✕ 错误应对示例

1. "您好，欢迎光临！"

| 高手指点 | 这种使用频率过高且在所有门店都在使用的老话，不会让顾客对你产生好感，难以引起他们对产品的兴趣。 |

2. ……没有任何语言，认为顾客有需要会主动来找自己。

| 高手指点 | 对待顾客太冷淡，缺乏对顾客最基本的礼貌与尊重，会让顾客觉得导购忽视自己而失望地离开。 |

3. "您好，我给您介绍一下我们的产品吧！"

| 高手指点 | 过于主动而热情的问话会给顾客带来心理上的压力与不适，顾客会产生厌烦和抵触心理，感觉导购所推荐的产品可能在质量上并不可靠。 |

WHY 深度情景解析

接触顾客是导购工作的开端，大多数顾客不喜欢一进门时导购就给自己施加有形或无形的压力，导购要做到既不冷淡又不过于热情，一定要寻找并抓住接近顾客的最佳时机。顾客走进门店时，大多数导购会主动与顾客打招呼，说一些诸如"欢迎光临××品牌，有什么需要帮助您的吗？"的话。

导购要根据顾客的性别进行判断，男性进入门店有较为明确的目的，不是对某一款产品抱着直接购买的目的而来，就是来了解目前的市场行情的；而女性独自来到门店，不是来闲逛就是来"货比三家"的。

导购要根据顾客不同的来意采取不同的接待方法，对于目的性极强的顾客接待要主动、迅速，利用对方的提问，不失时机地介绍产品的性能和优越性；对于踌躇不定、正在"货比三家"的顾客，导购要耐心地为其讲解产品特点，不要急于求成，让顾客比较、考虑后再做决定。

导购可以从以下几个方面来判断顾客的来意：

（1）当顾客盯着某款产品时——导购应及时留意在店内走动的顾客，当顾客停下脚步盯着某款产品时，要主动上前打招呼，留住顾客。

（2）当顾客寻找产品时——当顾客东张西望，好像在寻找自己所需的产品时，导购应抓住时机即刻走过去，询问顾客需要什么产品和帮助。在这种情况下，初步的接触越早越好，因为可以省去顾客不少时间和精力，赢得顾客的好感，给顾客带来愉悦的心情。

（3）当顾客停住脚步时——当顾客突然驻足，一般是被某款产品吸引了目光，这时导购要不失时机地与顾客接触，以免顾客放弃而离开门店。同时，导购应事先想好该产品的优点、特征等解说词，然后认真、耐心地讲给顾客听。

（4）当顾客仔细观察某款产品并比较时——这是导购接触顾客的最好时机，说明顾客已经对产品产生了浓厚的兴趣，导购应很自然地走近顾客，用赞赏的口吻说："您很有眼光，这件产品产于××，最大的优点是……"

顾客走入门店，意味着进入了一个完全陌生的环境，难免对导购产生戒备心理，导购一定要主动跟顾客打招呼，帮助顾客适应新的环境，但要注意问候的时机，不能一进门就迎上去，也不能进门后对顾客不理不睬，要把握好"531"法则：当顾客距离导购 5 米时，导购应对顾客产生关注；顾客与导购距离 3 米时，导购应主动跟顾客打招呼；顾客与导购距离 1 米时，导购要跟顾客展开细致的交流。

YES ✓ 实战强化训练 1

导购："您好，欢迎光临××品牌，我是这里的家居顾问小刘，很高兴能为您服务，请问您想看什么产品呢？"

金牌技巧点拨

在见到顾客时，导购应先礼貌地与顾客打招呼，给顾客营造一种轻松的购物氛围，引起顾客的好感，加深顾客对店铺的印象，然后礼貌地询问顾客具体的购买意向。

YES ✓ 实战强化训练 2

导购："您好，欢迎光临××专卖店，请问有什么可以帮您的？"
顾客："我随便看看。"

（过了一会儿，导购发现顾客在一款板材家具旁停了下来）

导购："我们最近有几款板材家具正在做活动，这一款便是其中之一，您有没有兴趣了解一下呢？"

金牌技巧点拨

导购首先礼貌地与顾客打招呼，在看到顾客有戒备心理时，导购留下顾客独自浏览产品，但在一旁密切关注，当发现顾客对某一款产品产生关注时，便不失时机地推荐产品，用促销活动引起顾客的兴趣。

02 情景演练 顾客进店后直接就问"你们店有没有××"

NO ✖ 错误应对示例

1. "对不起，我们这里没有您说的××产品。"

高手指点 这样回答等于直接拒绝了上门的顾客，导购的工作不只是草率而又简单地告诉顾客有还是没有，而是要引导顾客的实际需求。

2. "没有，但我们的品类很齐全，您可以了解一下其他产品。"

高手指点 这样回答顾客的问题，势必造成语言的自相矛盾。既然品类齐全，为什么没有顾客想要的呢？顾客既然来直接问××产品，就要先了解顾客对××产品的具体需求和要求，然后进行有针对性的介绍。

3. "您好，有的，在这边，您现在买吗？"

高手指点 销售目的过于强烈，顾客刚进店就开始催促顾客付款成交，可能会引起顾客的反感。

WHY 深度情景解析

如果顾客直接寻找某款具体型号的产品，就说明他们是做了功课的，对产品的优缺点有了充分了解，要么是从媒体上了解到该型号的产品，要么是从别的店了解过这款产品，要么是亲戚好友购买过这款产品，顾客认为很适合自己便前来寻找。不管是哪一种情况我们都可以看出，顾客的需求是显而易见的。

在这种情况下，导购要了解顾客前来购买产品的原因，在清楚顾客前来的原因后，再进行有针对性的应对，为顾客推荐合适的产品，或者帮助顾客寻找新的需求，这样才能更有的放矢地实现销售目的。

YES ✓ 实战强化训练 1

顾客："你们店有没有马赛克砖？"

导购："有啊，请问您以前看过同类的产品吗？"

顾客："我倒没看过，不过听朋友说马赛克砖装修效果挺好，他装修时就用的这种瓷砖。"

导购："那您朋友用的是什么牌子的？"

顾客："X 品牌。"

导购："先生，是这样的，我们代理的是 Y 品牌的产品，不过这类产品在功能上都是差不多的。Y 品牌是国内知名品牌，去年还被评为同行业十佳品牌。如果有兴趣的话，您可以看一看。"

金牌技巧点拨

导购在了解了顾客的需求以后，询问了顾客产生需求的原因，然后在此基础上介绍了同类产品，并明确了该产品的优势，增加了销售成功的可能性。

YES ✓ 实战强化训练 2

顾客："你们这里有组合衣柜吗？"

导购："有啊，请问您以前看过同类产品吗？"

顾客："看过，我看过 A 品牌的组合衣柜，不过价格有点儿高。"

导购："A 品牌的组合衣柜价位是挺高的，不过没问题，我们这里也推出了这种组合衣柜，价位要优惠得多，您可以先看看。"

金牌技巧点拨

导购在明确顾客的产品需求以后，通过询问了解了其购买痛点，就是价格高，于是针对其购买痛点推荐了价格优惠的同类产品，提高了成交的可能性。

YES ✓ 实战强化训练 3

导购："先生，您说的这种儿童床我们这里暂时没有，请问您买儿童床主要看重哪一点？"

顾客："当然是安全，安全第一，然后是功能，要有趣味性。"

导购："嗯，当家长的最希望的就是自己的孩子能健康、安全地长大，所以儿童床的安全性是第一位的，儿童的成长自然也不能少了趣味性，为儿童布置一个属于他自己的小空间对于培养他的独立意识也是很重要的。最近我们店新到了一种双层儿童床，设计结构安全稳固，有收纳空间和置物架，而且样式新颖，顾客的反馈效果都还不错，您可以看一下。"

金牌技巧点拨

虽然店内没有顾客要买的儿童床，但导购并没有灰心，而是通过询问顾客的需求，向顾客介绍儿童床对孩子的重要意义，让顾客感受到导购的用心，再向其推荐相关产品，顾客一般很难拒绝导购的建议。

03 情景演练 顾客说："我自己先看看，你不用跟着我"

NO ✗ 错误应对示例

1. "好的，那您先看看吧。"

高手指点 这种回答比较冷漠，很容易让顾客流失，使其在不知不觉中离开店内。

2. "还是我给您介绍一下吧！"

高手指点 导购过于热情，对顾客来说未免有种死缠烂打的感觉，这样会让顾客感到厌烦，从而失去对导购的信任感。

3. ……（什么也不说，直接回到原来的位置做自己的事情）

高手指点 导购试图"以其人之道还治其人之身"，但恰恰适得其反，顾客会因此悄悄地离开门店。

WHY ─ 深度情景解析

顾客在刚进入门店的时候，往往希望可以独自、自由地浏览陈列的产品，如果此时导购总是寸步不离地紧随顾客，可能会让顾客感觉浑身不自在，有一种被人跟踪和监视的感觉，在心理上产生一种巨大的压力，无法根据自己的喜好自由自在地选购产品。

导购应该认真剖析顾客"随便看看"的原因：

（1）顾客出于本能的戒备心理，想要先熟悉一下环境，了解一下情况。

（2）顾客有些紧张，不想一进来就直接面对导购，所以用"随便看看"来消除自己的紧张情绪。

（3）顾客还没有明确的购买计划，确实只是路过，闲逛而已。

导购首先应回避一下，和顾客保持 2.5～3 米的距离，并站在一个较好的观察角度，假装做自己的事情，既让顾客感觉自在、舒服，又能随时留意到他们的举动。一旦顾客发出了需要沟通的信号，导购就要及时上前为他们介绍产品。

YES √ 实战强化训练 1

导购："好的，先生，请您随意挑选，您要是有什么需要可随时叫我，我随时恭候。（等一两分钟后，可以以送水、理货或是其他借口走近顾客，并以轻松的口吻沟通）怎么样，您看中了什么，我帮您介绍一下吧？"

顾客："没有什么喜欢的。"

导购："我们的产品款式挺多的，这么一眼看过去的确很难找到满意的产品。不如我给您有重点地介绍一下吧，这样也可以帮您节省时间，找出最适合您需求的。不知您比较关心哪方面的产品呢？"

金牌技巧点拨

导购首先对顾客的话表示认可，给顾客自由浏览的时间和空间，但又以一种合理的方式接近顾客，激发顾客的兴趣。遇到顾客不清楚自身需求的情况时导购没有放弃，而是突出产品款式的多样性，并主动挖掘顾客需求，同时避免了顾客产生逆反心理。

YES ✓ 实战强化训练 2

导购："好的，您可以随便逛逛，我就在您附近，有需要您可以随时叫我。（摆出要走的样子，然后突然回头）对了，您可以看看那边的几款，那是我们品牌的主打产品，卖得都挺不错的。"

金牌技巧点拨

导购在给顾客自由浏览空间的同时，有重点地突出了产品，容易引起顾客的注意。当然，也不要做得过于刻意，否则会让顾客觉得虚假。

04 情景演练 顾客进店转了一圈，什么也不说就要离开

NO ✗ 错误应对示例

1. "这么多款式您都不喜欢吗？"

高手指点	这种提问很容易让顾客用"是的，没什么喜欢的"来回答，让导购无言以对。

2. "先生，价格好商量，您再看看嘛！"

高手指点	这样会让顾客觉得导购认为他们是因为贪便宜而来，让顾客心里感觉很不舒服。

3. "好走不送！"

高手指点	这种发泄式的语言，不应该从导购口中说出。

WHY ━ 深度情景解析

在导购每天所接待的顾客中，只有很少一部分顾客会最终下订单，大部分顾客在家居店内简单转一圈后就不动声色地离开了。这些离开店内的顾客数量非常可观，如果导购能够有意识地抓住机会留住他们，让他们成为自己的顾客，销售业绩就会得到一个质的飞越。

顾客之所以在转了一圈之后悄悄地离开，很大程度上是因为导购没能向顾客充分展示产品，没有激发其兴趣。很多导购只是简单地看着顾客进进出出，忘记了自己的导购职责。导购必须克服害怕和懒散的心态，想出各种有效的办法与顾客沟通，巧妙地挽留住他们离开的脚步，重新激发他们的兴趣，挖掘其需求。

YES ✓ 实战强化训练 1

导购："先生，请您稍等一下。今天是我们的周年庆，全场产品八折酬宾，有的产品甚至有五折优惠。假如您最近有装修的打算，我可以帮您重点介绍几款，您再做选择。"

> ### 金牌技巧点拨
>
> 导购用促销降价来激发顾客的好奇心，让顾客有兴趣继续在店内浏览产品，而且导购做出"推荐者"的姿态，把决定权交给顾客，一方面提供了导购服务，另一方面也给了顾客选择的自由，这样可以给顾客创造一个轻松的购物氛围。

YES ✓ 实战强化训练 2

导购："先生，请您留步，我给您一份产品资料，您可以参考一下（将资料用双手交给顾客）。没有挑选到您想要的产品吧？对了，我刚才忘了给您介绍了，我们有一款今天刚到的产品还没上货，我觉得各方面都不错，价格也很合理，您可以看看。来，这边请，我给您介绍一下。"

> ### 金牌技巧点拨
>
> 导购以送资料为名留住顾客，在将资料送给顾客的同时，找到一个合适的切入点与顾客交谈，这样可以放松顾客的警惕，降低被拒绝的概率。

05 情景演练 顾客拿着活动宣传单进店，直接要看特价产品

NO ✗ 错误应对示例

1. "这款特价产品已被抢光，您可以看看其他产品。"

高手指点	这种回答会让顾客觉得自己是被骗来的，从而产生反感情绪，愤怒地离开。

2. "宣传单上的特价产品其实是样品，不是全新的。"

高手指点 导购想以"样品"来打消顾客购买特价产品的想法，转而选择其他更贵的产品。其实，这样会让顾客感觉宣传不实，认为门店不讲诚信。

WHY 深度情景解析

宣传单的作用是直接、有效地建立起顾客与产品的联系，从而激发顾客的购买欲望。门店通常会印发一些宣传单，上面刊登一些特价产品，以此来吸引顾客，但实际上特价产品的数量极少，有时根本没有。如今的顾客已经越来越有辨别力，在被这样的宣传广告欺骗多次以后，就会变得非常警惕，如果导购不能给予合理的解释，顾客将会转身离开。

在这种情况下，为了实现广告宣传的目的，导购可以在与顾客的沟通中很自然地告诉对方，这款特价产品很不巧地被人买走了，可以通过销售记录来验证真实性，以消除顾客的怀疑心理，这样可以让顾客产生错失良机的遗憾；然后导购请顾客登记有效信息，为以后的销售做好铺垫，或者向顾客推荐与特价产品类似但价格稍微高一些的产品，这样往往更容易促成交易。

YES 实战强化训练 1

导购："王先生，很抱歉，这款特价产品因为价格优惠，非常抢手，今天上午刚好卖断货。不过，我们最近还会进一批相同的产品，您可以留下联系方式，这款产品一到货，我会第一时间通知您。"（5 天后）"王先生，我是××品牌专卖店的导购小李，5 天前您来过我们店里，您上次看中的产品已经到货了，您这两天抽空过来看看吧！"

金牌技巧点拨

导购说出特价产品卖断货，既表明产品的畅销和受欢迎程度，也能让顾客留下买不到好产品的遗憾。这时再说出进一批产品的事情给顾客以希望，乘机让顾客留下联系方式，并在到货之后及时通知顾客，同样会让顾客感到十分受用。

YES ✓　实战强化训练 2

　　导购："实在抱歉，先生，我们这款特价产品数量有限，昨天就卖完了，让您白跑一趟，真是不好意思，我向您表示道歉。其实，这一款产品与特价产品是同一个品牌，品质、设计和口碑都非常不错，现在也在搞促销，七折优惠，可以说是非常划算的，您可以了解一下。"

金牌技巧点拨

　　顾客白跑了一趟，心里肯定很失望，甚至是生气，导购先用真诚的道歉平和顾客情绪，然后推出质量、设计类似的促销产品，用价格优惠吸引顾客，能够快速地淡化顾客刚才因为买不到特价产品而产生的不满情绪。

06　情景演练　顾客见到产品直接询问价格

NO ✗　错误应对示例

　　1. "×××× 元。"

| 高手
指点 | 过快进入产品的议价阶段对导购不利，导购要及时引导顾客转移对价格的关注，使其关注产品的品质、款式和设计等方面。 |

　　2. "您肯定在其他家看过了吧，您觉得多少钱合适？"

| 高手
指点 | 导购不应过早主动向顾客抛出议价的话题，这样容易让自己陷入被动局面。 |

　　3. "我们的东西不贵。"

| 高手
指点 | 导购没有回答顾客的问题，顾客仍然会问"那到底是多少钱"，这会使导购处于尴尬而被动的局面。 |

WHY　深度情景解析

　　顾客直接询问产品的价格，说明他们并没有明确的购买目的，往往是一些闲逛或为比较价格而来的顾客。在这种情况下，如果导购一直跟着顾客的思路走，顾客询问什么，导购就回答什么，很有可能顾客就无法对产品和品牌产生深刻印象，也无法对导购产生信赖感，导购很容易失去这位顾客；如果没有留下他们的联系方式，后续的销售就更没有可能了。

针对顾客随口问价的情形，导购要避免在一开始沟通时与顾客纠缠在价格问题上，最好转移顾客对价格的关注，使其将注意力转移到产品上，让他们清楚地了解产品的材质、档次与特点，这样在最后报出价格时才不会引起顾客的情绪反弹，他们会认为产品确实是物有所值的。要记住，在顾客没有对产品深入了解之前，导购贸然报价只会让自己陷入被动局面。

YES ✓ 实战强化训练 1

导购："先生，您选购壁橱看重的是产品的功能还是款式呢？"

金牌技巧点拨

导购及时忽略了顾客提出的价格问题，并将焦点放在壁橱的功能或款式上，转移了顾客对价格的注意力，这样在得到顾客针对产品功能或款式的具体信息以后，可以有的放矢地介绍产品的优势，从而消除顾客对价格的敏感性。

YES ✓ 实战强化训练 2

导购："美女，价格的确非常重要，但对于家居建材来说，我们最看重的其实还是它的质量，如果产品质量不好，满足不了需求，价格再便宜也不会考虑在内的，您说是不是？您可以说出具体的需求，我会为您推荐一些适合您的产品，满意后再讨论价格。您放心，在价格方面我们是不会让您失望的。"

金牌技巧点拨

导购没有正面回答顾客的问题，而是先强调家居产品的品质才是最重要的，并询问顾客的需求，水到渠成地来介绍自己的产品，同时暗示顾客价格一定会让其满意。

YES ✓ 实战强化训练 3

导购："先生，您好，请问是您家里装修吗？这是我们的样板，您可以先看一看。（如果顾客看样板，就进入正常的导购程序；如果顾客不看样板，执意询问价格）那得看您要购买多少了，购买数量不同，我们给的优惠也是不同的。您大概需要购买多少呢？"

金牌技巧点拨

导购采用了反问法，这样做的好处是可以化解直接报价的尴尬，并重新掌控交流的主动权。

07 情景演练 顾客只看产品，一句话也不说

NO ✕ 错误应对示例

1. "您好，请您随便看看。"

高手指点　这种接待方式过于平淡，而且这样说了以后，再上前接近顾客就会增加难度，估计顾客很快就会离开门店。

2. "您看看这款产品，这是现在我们店卖得最好的。"

高手指点　导购在没有掌握顾客需求的情况下过于主动地介绍产品，可能会让顾客感到反感，甚至会将顾客吓跑。

3. 对顾客爱理不理。

高手指点　这种应对不仅显得导购表现不积极，态度不友好，还容易出现与顾客大眼瞪小眼的尴尬局面，顾客也会感到不舒服。

WHY 深度情景解析

在刚进入门店时，由于内心对导购的不信任和戒备心理，顾客往往会对导购的热情接待表现冷漠。导购一直得不到友好的回应，便会慢慢失去继续与顾客沟通的信心和耐心，转而用一种冷淡的态度来应对顾客。不过，这种态度和做法对导购十分不利，因为如果导购无法激发顾客对产品的兴趣，成交的可能性就微乎其微了。

面对顾客的冷漠态度，导购不能自卑，要知道顾客的冷漠态度或许不是

针对自己，而是顾客自身的原因，不要过于放在心上。

导购应主动与顾客互动，通过提问、请教等方式引导顾客开口说话，同时保持热情，用自己的良好情绪感染顾客。导购用自己的情绪感染顾客的方法有：

（1）加大说话的兴奋度，例如加快语速、提高声调。

（2）加大举止力度，手势可以稍微夸张和有力一些。

（3）始终微笑面对顾客，用热情感染顾客。

YES ✓ 实战强化训练 1

导购：（微笑）"美女，您看了半天了，应该有些累了，先到沙发上坐下来休息一会儿吧。我给您倒杯水，顺便再把产品资料拿过来给您看一下。如果您有喜欢的产品，我再带您去看看样品，好吗？"

金牌技巧点拨

俗话说："伸手不打笑脸人。"微笑有巨大的威力，是人与人之间的"润滑剂"，导购保持微笑会增加亲和力，再加上为顾客提供的贴心服务，即使顾客拒绝提议，她的态度也会缓和下来，接下来的沟通就更顺畅了。

YES ✓ 实战强化训练 2

导购："不好意思，先生，刚才是不是我没有介绍清楚，所以您才没有兴趣？您能否告诉我哪里做得不到位，我再为您重新介绍一下？"

金牌技巧点拨

虽然顾客态度冷漠，但导购不能冷漠，有时顾客非常看重导购的态度。导购用积极、热情、锲而不舍的工作态度，询问顾客对自己工作的评价，同时为自己争取向顾客介绍产品的机会，可以提高成交的可能性。

08 情景演练 顾客带着装修设计师一起来选购产品

NO ✗ 错误应对示例

1. "几位好，请问你们谁是买家？"

高手指点	导购这样提问过于直接，容易引起顾客的反感。

2. "这位先生一看就是内行，今天是来帮业主选购建材的？"

高手指点	没有分清业主和设计师的身份就盲目赞美，很难获得顾客的认同。

3. "这个问题问得太专业了，我不太清楚。"

高手指点	导购对设计师的专业问题无法做出准确的回答，会让顾客对导购的专业素养产生怀疑，难以让他们认同产品和服务。

WHY 深度情景解析

随着生活条件的改善，人们越来越关注自己的生活品质，很多顾客倾向于选择专业的室内装修设计师来为自己的房间进行个性化设计，听取设计师在建材和家具等方面的购买建议；有的顾客则会让室内装修设计师跟随自己去选购产品。

室内装修设计师是专业人员，他们提出的问题往往比较专业，如材质、安装、售后等，导购在回答这些问题时要清晰、明确，有一说一，不要模棱两可。同时，由于室内装修设计师可以影响顾客的购买决策，顾客对其意见十分重视，因此导购要重点说服室内装修设计师，一旦说服了他，也就间接说服了顾客。

导购首先要明确室内装修设计师和顾客各自的身份，然后当面赞美室内装修设计师的气质、眼光和专业素养等，并发掘顾客的具体需求，尽快成交。

导购要礼貌、热情地打招呼，在得到室内装修设计师的认可之后，可以借助他来说服顾客，同时导购在一旁妥善引导。对于某个问题存在不同见解时，不能直接与其争辩，要灵活处理，维护其面子；在无法顾及时，可以安排其他导购分别接待处理。

YES ✓ 实战强化训练 1

导购："几位好，请问有什么可以帮您的？"

顾客："因为卧室空间较小，放普通的床会让房间显得拥挤，所以我们打算买榻榻米，我们能看一下你这里都有哪些榻榻米吗？"

导购："您这个问题非常专业，看得出来您肯定是内行。安装榻榻米不仅可以节省空间，还可以增加收纳能力。不过，榻榻米的大小也要根据房间的空间大小来选定。您能告诉我房间大概的长和宽吗？我好为您推荐合适的榻榻米。"

金牌技巧点拨

导购应熟练掌握自己所售产品的材质、风格、工艺、尺寸、价格、卖点等，做到张口就来；否则，顾客和设计师会对其产生不专业的第一印象，后面导购的说服力就会大打折扣。

YES ✓ 实战强化训练 2

导购：（对设计师说话）"这位先生，听了二位的谈话，我发现您的意见对同伴很重要。我能不能问一下，您觉得哪种瓷砖更适合同伴家里的实际情况呢？麻烦您讲一下，这样我可以更有针对性地向二位推荐最好、最合适的瓷砖。"

金牌技巧点拨

导购通过认真观察，确定了设计师的身份，然后重点说服他，并尊重设计师的意见，礼貌地询问，挖掘顾客的实际需求，推进成交的进度。

09 情景演练 顾客一家人一起来逛家居建材市场

NO ✗ 错误应对示例

1. "您好，几位想看点儿什么，我给您介绍一下？"

高手指点	导购的话过于平淡，这种话顾客已经听过太多次了，没有什么新意，不会引起顾客的兴趣。

2. "您好，几位今天准备买点儿什么？"

高手指点	导购过早把自己和顾客的关系转换成买卖关系，显得急功近利，容易引起顾客的反感。

3. "您好，请随便看看。"

高手指点	导购的话容易让顾客产生随便看看的消极反应，很可能顾客转一圈儿就离开。

WHY 深度情景解析

　　顾客一家人一起来逛家居建材卖场的可能性很大，主要分为以下几种情况：

　　（1）夫妻二人同往，一般是正准备装修或者新房即将交付。需要注意的是，导购不要和其中一方，尤其是异性聊得过于热情，而对另外一方过于冷淡。在向其中一人介绍的过程中，对另外一人也要随时保持关注，并征求两人的意见。仔细观察，判断最终决策者。

　　（2）一家三口进入家居建材卖场时，孩子年龄一般不大。这时导购要夸奖赞美孩子，并为孩子提供零食或玩具，或者让其他导购帮忙照顾孩子。

　　（3）不同辈分的家人一起进入卖场时，导购首先要热情接待年长的人，关心他们，以拉近和顾客的心理距离，并判断最终决策人。

　　（4）当然，也不能排除闲逛的顾客。导购要能分辨顾客是闲逛还是准备购买，可以从他们的态度进行分辨。如果顾客有购买欲望，就会在导购介绍时主动提出问题，表现出非常强烈的表达欲望。闲逛的顾客则正好相反，他们更希望自己不受打扰，不喜欢听导购讲话，因此导购应该给予顾客一定的空间让他们去了解，等到适当的时候再进行介绍。

YES ✓ 实战强化训练1

导购："二位好，您二位是准备结婚装修新房吧，今天正好有空，来看一看地板吗？"

顾客："是啊，你怎么知道我们快要结婚了？"

导购："哈哈，一眼就能看得出来，二位夫妻相太明显了，真是天造地设的一对儿啊！俗话说"人逢喜事精神爽"，二位的精气神儿这么好，满脸幸福，可不是快要结婚了吗？二位看看，您喜欢什么类型的地板，是喜欢实木的，还是喜欢板材的？"

金牌技巧点拨

导购通过同行者的精神状态、亲密程度敏锐地判断出二人的关系，并祝福了两位准新郎和准新娘，从而拉近了与顾客的心理距离，这样再进入导购环节，便不会引起顾客的反感。

YES ✓ 实战强化训练2

（不同辈分的顾客一同进入卖场）

导购："大叔大妈好，外面天气这么热，一定很累吧？您先坐在沙发上休息一下，我给您倒杯水，另外再拿点儿资料给几位参考一下。请问是为老先生选购家具，还是小两口为新房装修做准备呢？"

金牌技巧点拨

导购面对不同辈分的人，首先对长辈表示关心，为其提供热情的服务，拉近与顾客之间的距离；同时拿出产品资料推进销售进程，并询问谁是最终决策人，为之后的销售打下基础。

10 情景演练 营业高峰期，顾客感觉被怠慢心生不满

NO ✗ 错误应对示例

1. "来了来了，您看中的这款洗手间面盆，现价1 600元！"

> **高手指点**　语气中带有一点儿不耐烦的意味，顾客本来就对服务产生了不满，导购敷衍地应对只会让顾客更生气，销售的成功率会很低。

2. "先生，您稍等一下，我们这儿现在比较忙！"

> **高手指点**　导购的服务态度有问题，有厚此薄彼之嫌，会让顾客觉得自己不被重视，会更不满，甚至直接离开门店。

3. 不管顾客怎么喊，都置之不理，只是忙自己的事情。

> **高手指点**　这是非常不礼貌的一种行为，说明导购缺乏最基本的素养，很容易激起顾客的愤怒情绪。

WHY　深度情景解析

促销活动期间往往是卖场的营业高峰，由于导购数量有限，而顾客人数较多，导购难免会顾此失彼。如果顾客长时间得不到导购的回应，就会渐渐失去耐心，产生不满情绪。

因此，导购应尽量避免此类情形的发生，最好的方式是"接一顾二招呼三"，即手头接待先到的顾客，目光照顾后来的顾客，嘴里招呼刚来的顾客，要结合微笑、眼神、手势等身体语言，让顾客感受到导购的热情，从而争取更多的销售机会。

如果导购实在太忙顾不上，顾客有了不满情绪，导购要先用"不好意思，让您久等了""请您稍等片刻，我马上就来""招待不周，还请您原谅"等礼貌用语向顾客道歉，然后尽快为其提供服务。

YES　实战强化训练1

导购："真是对不起，先生！请您不要生气，今天人太多，刚才没有注意到您，非常抱歉！您看中了哪款产品？我来帮您参考参考……"

> **金牌技巧点拨**
>
> 导购先要诚恳地向顾客表达歉意，缓解其不满情绪，然后询问顾客看中了哪款产品，并加以介绍，及时将顾客的注意力从不满情绪中转移出来。

实战强化训练 2

（导购正在接待顾客 A，这时顾客 B 来了）

导购："先生，您先看一下我刚刚介绍的这三款橱柜，看看您更喜欢哪一款。我先去招呼一下其他顾客，您有什么疑问请随时叫我。"

（导购走向顾客 B，发现顾客 B 在看沙发）

导购："欢迎光临，您是要买沙发吗？"

顾客 B："我先随便看看，装修才做到水电，还没那么快。"

导购："那好，那您就先看一下我们的沙发款式，感受一下风格。我是导购小冯，有什么疑问可以随时叫我。"

（导购离开顾客 B，回到顾客 A 身边。由于顾客 A 已经对产品质量和服务有了很高的认同感，在比较之后就选择了某款橱柜，下了订单。导购热情送走顾客 A，又走到顾客 B 身旁）

导购："先生，真是不好意思，让您久等了。您有没有看到喜欢的沙发呢？或者您也可以分享一下想要的装修风格。我在家居建材这一行很多年了，或许可以为您提供一些专业的建议。"

金牌技巧点拨

导购在顾客人数较多时，并没有对任何一个顾客冷漠，而是热情接待，态度友好，即使去接待其他顾客，也会给手头的顾客一种随时待命的感觉，体现出对顾客的重视。

11 情景演练 老顾客再次走进门店

错误应对示例

1. "您好，欢迎光临！"

高手指点 对待老顾客与对待新顾客没有什么区别，这会让老顾客感觉不到重视，心里会感到很失落。

2.　"李先生，好久不见，这次您打算置办点儿什么呢？"

高手指点　一上来就问老顾客要买什么产品，显得急功近利，好像双方之间除了交易没有其他关系，这会加大导购与老顾客的心理距离。

3.　"赵先生，您来了啊，您先随意选购，有什么需要随时叫我。"

高手指点　表达太随意，会让老顾客觉得自己没有得到想要的重视，从而降低购买的积极性。

WHY 深度情景解析

有人说，1 个老顾客相当于 10 个新顾客，这足以证明老顾客的重要性。顾客在购买某种产品之后，往往会把自己的体会告诉更多的人，如邻居、亲友和同事，从而形成购买产品的连锁反应。老顾客对门店已经有了很大程度上的信任感，与新顾客相比，他们更容易做出购买行为，也会给门店带来更多的客源。因此，导购要给老顾客一些"特别对待"，让他们有一种和其他顾客不一样的感觉。

导购要牢记老顾客的资料，在老顾客进店时准确叫出他们的名字，这样会使老顾客感到惊喜，感受到自己被重视。在接待老顾客时，导购要多站在对方的角度思考问题，不要为了利益就阿谀奉承，要不卑不亢，以朋友的身份与对方进行平等的交流。

在与老顾客交谈的过程中，导购要多留意谈话内容，这里面很可能包含了他们的需求信息。导购一旦准确发现老顾客的需求，就可以直接把能满足其需求的产品推荐给他们。

关于如何使老顾客成为最忠诚的顾客，导购可以参照以下三种方法。

1. 记住老顾客的相关信息

要记住老顾客的姓名和上次购买的产品等相关信息，这是导购最基本的业务素质。只有准确地记住这些信息，当老顾客再次光临的时候，才不至于重复第一次购买过程中询问的问题。如果导购能准确说出老顾客的信息，他们会觉得自己被商家重视，也会对家居产品和导购产生更多的信赖感。

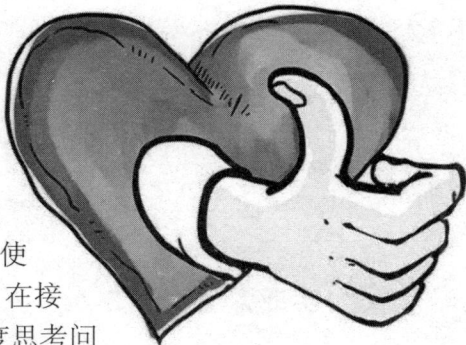

2. 把老顾客当成最尊贵的客人对待

老顾客是门店宝贵、优质的顾客资源，理应得到导购更多的关心和重视，让他们感受到与新顾客不同的待遇。无论什么时候，当老顾客进店时，导购一定要热情地接待。

3. 把老顾客当成朋友一样接待

导购与老顾客的关系不能仅仅停留在交易上，导购应该把老顾客当成朋友，当老顾客进店时除了热情接待外，也要适当与其寒暄聊天，不要急着推荐产品。对老顾客的信息有更多了解，也会增进彼此之间的感情，以后的销售工作就更轻松了。

YES ✔ 实战强化训练 1

导购："张先生，欢迎光临！有一段时间没见到您了，这段时间装修辛苦了！上次购买的电视柜安装上了吗？用着还可以吧？记得您上次来的时候说想要新款倚墙式书柜，我们这几天刚进了一批新款，您要不要看看呢？"

> **金牌技巧点拨**
>
> 导购清楚地记得老顾客的姓名，以及老顾客上次购物时提出的需求，这样会让老顾客感到自己是被重视的，进一步增加对门店的好感。

YES ✔ 实战强化训练 2

（导购正在接待顾客 A，这时一位老顾客进店了）

导购：（对顾客 A）："对不起，请您稍等一下，我马上就回来。"

（边走边向老顾客大声说）

"赵先生，好久不见，这段时间辛苦了！"

（走到老顾客身边小声说）

"您先随意挑选，我招呼完那位顾客马上就过来。"

> **金牌技巧点拨**
>
> 导购虽然正在接待别的顾客，但仍然热情招待老顾客，用小声说话的方式跟老顾客建立亲密感，这样更能增加老顾客对导购的信任。

第 2 章

Chapter 02

探询顾客需求情景口才训练与实战技巧

销售口才

顾客需要什么就卖给他什么。优秀的导购有能力将顾客需求与产品特性结合在一起，打开顾客的购买"开关"。导购首先要做的是拉近与顾客的关系，获得对方的信任，可以通过观察和询问等方式，在与顾客自然交谈中明确顾客的购买需求，然后做有针对性的推荐。

12 **情景演练** **巧妙了解顾客的基本情况**

NO ✕ **错误应对示例**

1. "请问您家里有几口人住？"

高手指点 这种提问方式让顾客觉得导购在查户口，心里会感觉很不舒服。

2. 导购："您家装修到什么程度了？"
   顾客："刚开始。"
   导购："什么装修风格？"
   顾客："中式。"
   导购："哪个小区的？"
   顾客：……

高手指点 导购连续问顾客三个问题，会把与顾客沟通的路堵死，使顾客失去耐心，从而造成冷场，导购将无法掌控局面。

WHY **深度情景解析**

　　了解顾客是导购与顾客建立良好关系的第一步，人都是先相识进而相知，最后才能建立稳固的合作关系，导购与顾客的关系也是如此。导购在与顾客的沟通中应有意识地挖掘顾客的个人信息，从中发现顾客的需求。导购对顾客了解得越多，也就越容易为其推介合适的产品。

　　要想了解顾客的基本情况，导购首先要学会与顾客交朋友，从双方感兴趣的话题开始交流，在闲聊中有意识地引导需求话题，在不经意间谈及想要了解的内容，如顾客的职业背景、兴趣爱好等。导购要多听少说，尽量引导顾客多说。

　　在顾客的购买目标不明确时，导购可采用漏斗式提问法，根据顾客对产

品的喜好与需求，由宽到窄、由大到小地提出问题，一步步缩小顾客的选择范围，帮助顾客找到其满意的产品。

漏斗式提问法的大致步骤如下。

（1）提出宽泛、容易回答的问题；

（2）提出针对顾客兴趣爱好的开放性问题；

（3）提出针对顾客兴趣爱好的封闭式问题；

（4）提出针对顾客兴趣目标的开放性问题；

（5）提出针对顾客兴趣目标的封闭式问题。

有时导购也可以采用猜测法来了解顾客的情况。猜测有两种结果：一是猜对了，导购就按照原有的思路继续进行下去；二是猜错了，导购便以非常自然的语气和态度说出如此猜测的原因，以解除顾客的戒备心理，并适时提出合理的问题，这时更容易得到顾客的回答。

YES ✓ 实战强化训练 1

导购："美女，看您这么年轻，应该刚刚 20 出头吧？"

顾客："哪里，我小孩都 5 岁了，都能打酱油了。"

导购："这还真没看出来！孩子都这么大了，那也应该准备给他布置一个独立的房间了。"

顾客："是啊，今天过来就是看看儿童房的家具的。"

金牌技巧点拨

导购通过赞美顾客年轻，与顾客之间建立了一个比较融洽的沟通氛围，缓解了顾客的紧张和戒备心理，同时也间接了解了顾客的家庭结构，这为推荐家居产品提供了非常自然的连接。

YES ✓ 实战强化训练 2

导购："先生，您好！我猜您是一名律师吧？"

（导购猜中）

顾客："是啊，你是怎么知道的？"

导购："昨天也有一名律师到我们这里购买家具，我感觉你们两人气质品位很相似，没想到我猜中了。您来这里是想看看什么？"

（导购没猜中）

顾客："不是，我不是律师。你为什么认为我是律师？"

导购："我昨天接待了一名律师，感觉你们两人气质很相似。看您气质这么好，不知道是在什么行业高就呢？"

金牌技巧点拨

导购用肯定的口吻猜测顾客的身份可以引起顾客的好奇，猜对了便可以按照特定的思路与顾客沟通；说错了，导购便很自然地说出如此猜测的原因，同时赞美顾客的气质，进一步探询其职业背景。

13 情景演练 询问顾客是近期购买，还是立即购买

NO ✕ 错误应对示例

1. "您打算今天下单，还是先了解了解？"

高手指点 这样询问太直接，顾客还没有完全确定是否购买，大部分顾客会回答先了解了解，这样会对导购促成顾客下单设下障碍。

2. "您打算什么时间购买？"

高手指点 直接问顾客购买的时间，显得太急功近利，容易招致顾客反感。导购提供给顾客的不仅仅是买卖，还包括最真诚的服务，导购的心里要始终装着"顾客主动成交"的概念。

WHY 深度情景解析

顾客在购买家居建材时可能会出现只了解产品而不购买的情况，这是因为装修和购买家居建材对一个家庭来说是一件需要深思熟虑的事情，专业性较强。顾客只有在充分了解自己想要的产品之后才会下定决心购买，在购买时还必须参考房子的交付时间、装修进度等客观因素。因此，很多顾客会在装修前半年时间就到卖场了解家居产品，而实际的购买时间可能是半年之后。

导购不能因为顾客没有立即购买就转变态度对其冷漠，而是要找到顾客没有立即购买的原因，然后采取针对性的措施对其做出引导。

顾客没有立即购买的原因主要有以下几点，导购要针对顾客的问题给出合理的解决方案。

（1）顾客还没有拿到新房的钥匙——请顾客留下联系方式，方便以后跟进，等到顾客拿到房间钥匙以后再推动顾客购买。

（2）受季节原因，暂时不适合装修——向顾客解释该季节适合装修的理由。

（3）装修还没有结束——建议顾客先订货，等到装修结束后免费为其送货、安装。

（4）顾客觉得还没有到购买的最佳时机——用专家的观点或者其他论调证明现在是最佳的购买时机。

（5）顾客还有尚未解决的疑问，暂时不想购买——询问顾客的疑问，并帮助其解决疑问。

YES ✓ 实战强化训练 1

导购："先生，请问您的新家现在装修好了吗？"

顾客："还没有呢，两个月以后才开始动工呢！"

导购："是这样啊，为什么您不选择现在装修，要等到两个月以后呢？"

顾客："听说冬天不适合装修，所以我打算明年春天再动工。"

导购："的确有很多人是这样认为的，但也有科学研究证明，冬季装修也有很多优势……"（解释冬季装修的优势）

金牌技巧点拨

导购通过询问得知顾客由于季节原因尚未装修，这就意味着顾客购买产品的时间需要推迟，这时导购用科学研究论证了冬季装修的优势，可以帮助顾客下定决心尽快装修，充分利用冬季装修的优势，这样一来也就加快了成交进度。

YES ✓ 实战强化训练 2

导购："美女，您好！您想要看哪种地板？"

顾客："我还没有拿到新房的钥匙呢，只是过来先了解一下。"

导购："嗯，提前了解一下市场行情是对的。您目前有中意的风格了吗？我可以为您介绍一下。"

（交谈一会儿以后，顾客不想买，打算离开）

导购："美女，请您留下联系方式吧，这样以后有优惠活动我们可以及时通知您！"

金牌技巧点拨

当导购得知顾客还没有拿到新房钥匙时并没有放弃推荐，而是询问顾客的需求。当顾客不想购买而打算离开时，导购及时请顾客留下联系方式，为以后的销售做好了铺垫。

14 情景演练 询问顾客的产品需求

NO ✗ 错误应对示例

1. "请问您要深色调的还是浅色调的？"

高手指点 导购的询问过于狭隘，应结合顾客的装修风格询问其产品需求。

2. "这种纹理的地板现在最畅销，您要这种吧！"

高手指点 导购的推荐过于死板，应询问顾客对产品细节的需求，并结合顾客的装修风格进行推荐。

WHY 深度情景解析

顾客购买家居建材产品的需求大致可以分为两类，即显性需求和隐性需求。显性需求是指顾客明确表达出来的需求，他们往往很直接地说出自己想要购买的产品，有明确的目的；隐性需求一般是指顾客不太清楚的需求，或者不知道买什么，或者想买某一产品却不清楚具体的细节。

导购要知道，至少有70%的顾客的需求是隐性需求，因此这就需要导购帮助他们找到明确的需求。导购可以观察顾客对某种产品的好感，从而对顾客需求做出初步判断。

顾客对家居建材产品的需求主要有对产品材质、款式、颜色、花纹和其他细节，以及产品功能的需求。

YES ✓ 实战强化训练 1

导购："美女，您好！请问您想要什么板材的地板？"

顾客："我现在还拿不定主意。"

导购："其实这主要根据您家里的具体环境来选择。一般来说，实木地板的脚感最舒适，木材品种也很多，只不过保养起来比较麻烦，容易起拱、变形，稳定性不够好；地板砖十分方便打扫，但舒适度不如实木地板；强化地板集合了实木地板和地板砖的优点，但环保性不够好；实木复合地板的表面是3毫米左右的实木面层，下面的部分一般为中纤板基层，耐磨程度介于强化地板和实木地板之间。您觉得哪种地板更适合您呢？"

金牌技巧点拨

导购在面对顾客的隐性需求时，条理清晰地为顾客讲解各种产品的优缺点，为犹豫不决的顾客做出决策提供便利。最后用询问的语句促使顾客说出自己的需求，一旦顾客能够说出自己的需求，距离成交也就不远了。

YES ✓ 实战强化训练 2

导购："先生，您想要什么颜色的地板？"

顾客："深色的地板更合我胃口，不过听说地板的颜色还要和家具的颜色相搭配，所以我也不清楚到底该选什么颜色。"

导购："是的，先生，地板的颜色应该衬托家具的颜色，而且地板在安装好以后无法经常性更换，所以最好还是选择中性一些的颜色。请问您家里的家具是什么颜色的呢？"

顾客："我买的家具都是红褐色的。"

导购："哦，是这样啊，那我建议您可以选择浅颜色的地板，因为深色的家具再搭配深色地板，会让房间显得太压抑。您住在几楼呢？窗户朝向哪里？"

顾客："我住在三楼，窗户朝南，但采光还是不太好。"

导购："这样的话建议您选浅一点儿、亮一点儿的颜色。您看看这几个颜色怎么样？"

金牌技巧点拨

由于顾客不知道如何做抉择，导购先为顾客介绍了选购颜色的基本知识，又询问了家具颜色，同时还细心地帮助顾客考虑其他影响因素，并在综合影响因素之后挖掘出了顾客的需求，最后做出了具体的推荐。

15 情景演练 询问顾客为谁购买家居建材产品

NO ✗ 错误应对示例

1. "您是自家购买，还是单位采购？"

> **高手指点** 导购的询问过于直接，会让顾客产生自家购买和单位采购有不同对待的感觉。

2. "您是准备自己用还是送人呢？"

> **高手指点** 导购的这种问题过于直白，不容易得到顾客的直接答复。

WHY 深度情景解析

产品的购买者和使用者有时并不是同一个人。顾客到底是自用，是送给别人还是单位采购，对产品的要求各有不同。因此，顾客为谁购买家居建材产品是挖掘顾客需求的一个重要问题。

一般来说，顾客的购买目的与关注焦点之间的联系见下表。

购买目的	顾客关注焦点
送给他人	不在乎产品的实际性能，而是比较关注品牌、外观、设计等方面的问题
自用	重视实用性和个人感受
单位采购	对产品有着具体的规格要求，注重环保性，但对产品的外观设计并不重视

除此之外，导购还可以从顾客的年龄来判断顾客为谁购买。大部分年轻

人购买这类产品是自用，如果顾客是一对年轻夫妻，那么为新房装修而购买产品的可能性很大；如果顾客年龄较大，则有可能是为送人而购买。

YES✓ 实战强化训练 1

导购："先生，女士，二位好，周末愉快！看样子二位是准备装修吧？"

顾客："是的，我们最近准备装修，先过来看看，熟悉熟悉。"

金牌技巧点拨

导购看到周末来卖场的是一对年轻夫妻，再加上是为了装修，由此判断顾客是买来自用。在获悉了顾客准确的需求以后，导购便可以更精准地推荐产品。

YES✓ 实战强化训练 2

（工作日期间，有顾客进卖场）

导购："先生，您好，欢迎光临！我们的办公家具款式多样，种类丰富，还可以进行个性化定制，您有什么具体要求？"

顾客："我需要高 750 mm 的办公桌，颜色为深灰色，搭配独立的电脑主机台座……"

金牌技巧点拨

导购从顾客前来购买的时间是工作日来推测顾客是为单位采购，然后询问顾客的具体需求，就更进一步确定了顾客的购买目的是为单位进行采购。

YES✓ 实战强化训练 3

导购："先生，您眼光真好，这款沙发是目前店里最热销的单人沙发。"

顾客："除了蓝色以外还有其他颜色的吗？"

导购："还有粉色、橘色和淡紫色的，如果是您自己使用的话，我觉得这款蓝色的就特别适合您。"

顾客："哦，我不是买来自己用，我是想给人送一件礼物，我觉得她不太适合用蓝色的，我看一下粉色的吧！"

金牌技巧点拨

导购先是赞美顾客的眼光，然后通过假设法引出了顾客的真实购买目的，为下一步的产品推荐铺平了道路。

16 情景演练 询问顾客选择产品时最注重什么因素

NO ✕ 错误应对示例

1."好牌子的贵一点儿，差一点儿的牌子就便宜多了。您要买牌子好一点儿的，还是差一点儿的呢？"

高手指点 每个品牌的定位与理念不同，不能说哪个牌子好或者差。导购这样说，会让顾客觉得产品存在瑕疵，而且导购的水平也不专业。

2."××牌子比我们差远了，您肯定不会喜欢的吧？"

高手指点 不要以贬低竞争对手的方式抬高自己，要帮助顾客客观分析各个品牌产品的优劣势，这样才能赢得顾客的信任。

WHY 深度情景解析

品牌作为家居建材的一个识别标志，不仅代表公司的产品品质、设计、制作工艺、售后服务等，也代表着偏好该品牌的顾客的价值取向、文化理念和精神归属。顾客选择产品时最注重的因素，就是顾客购买的诱因，导购只要找到了顾客购买的诱因，距离顾客做出购买行为就不远了。

导购可以通过询问等方式了解到顾客在选择产品时最注重的因素，或者从与顾客的对话中探测到他在选购产品时的关心点，这个关心点就是顾客的具体需求。

导购在探测到顾客的关心点后，要及时强化顾客的需求，并结合其购买心理推荐可以满足其需求的品牌和产品，以最大限度地提高其购买的可能性。

导购应深度挖掘顾客购买品牌产品追求的"五感觉"：

（1）富有的感觉：买品牌高端家具，就像人们买"劳力士""奔驰"一样，为的是满足富有的感觉。

（2）成功的感觉：许多品牌商品或者名牌商品就是满足人们的成功感觉，买家居产品也不例外。

（3）健康的感觉：导购在介绍产品时要强调环保性能及其带来的健康。

（4）受欢迎的感觉：人们希望自己不落伍，能够紧跟时代的潮流，导购要强调自己的产品符合潮流，甚至引领未来的潮流趋势。

（5）舒适的感觉：人们购买家具就是为了舒适，导购要从舒适的角度去介绍产品。

导购在挖掘顾客的需求时可以采用以下技巧。

（1）二选一式的提问：导购使用这种方法可以让顾客的回答在自己的接受范围之内，将主动权掌握在自己手中，而顾客一般会给出正面的回应。

（2）重复肯定式提问：导购重复顾客之前说过的话，并给出合理的解释，从而获得顾客的肯定。

（3）假设式提问：假设顾客已经购买产品，诱导顾客说出问题的答案。

YES ✓ 实战强化训练 1

导购："先生，我听您刚刚提到过'最关心质量'，您的意思是说，产品质量过硬是最重要的，其他因素如价格、品牌、设计等，都是次要因素，您考虑完质量因素之后才会考虑它们。我这样理解对吗？"

金牌技巧点拨

导购采用重复肯定式提问，将产品质量这一因素强调出来，等到顾客做出肯定答复以后，导购便可以在产品质量上做工作，向顾客推荐质量过硬的产品，这会更符合顾客的需求。

YES ✓ 实战强化训练 2

导购："美女，现在假设您已经买了这款双人床，您觉得是什么原因让您下定决心购买它的呢？是产品的品牌，还是这款床的设计呢？"

金牌技巧点拨

导购采用假设式提问，假设顾客已经购买，诱导顾客说出问题的答案，这样可以准确地知道顾客对产品的需求，从而有针对性地对其推荐产品。

17 情景演练 顾客在店里看了很多款产品，但都不满意

NO ✗ 错误应对示例

1. "先生，您选了这么久，到底想要什么款式的？"

高手指点 导购这样对顾客说话太不礼貌，而且有一种不耐烦的感觉，容易引起顾客的不满。

2. "要不您再看看其他的？"

高手指点 导购顺着顾客的意思，承认顾客看的产品都不好，太轻易地放弃自己的产品，使销售工作又从零开始。

3. "这么多款式，真的没有您喜欢的吗？"

高手指点 这种话有一种埋怨顾客的意思，会激起顾客的不满，使其做出消极的回答。

4. "您刚才看的那款沙发就很好啊！"

高手指点 导购应当在顾客观看的同时进行介绍，而不是之后，而且这样说话有些质疑顾客决定的意思，会让顾客产生反感情绪。

WHY 深度情景解析

顾客看了很多款产品之后仍然没有满意，主要原因有以下几点。

（1）导购没有明确顾客的真实需求，向其推荐的产品都不是他们喜欢的，导致顾客难以对导购产生信任。对于这种情况，导购应重新挖掘顾客的需求。

（2）顾客还没有形成购买计划，只是来了解市场行情。对于顾客的观望态度，导购可以提出现在购买产品的好处。

（3）顾客已经在别的地方看中了某款产品，来店里只是为了更熟悉市场行情，货比三家。对于这种情况，导购可以采用合理的方法动摇顾客的信心，或者给其更低的价格。

导购可以从各个角度、通过反复询问来了解顾客为什么不满意。在询问时要注意说话语气和态度，不能带有不礼貌的语气和态度，得到顾客的回应之后再进行有针对性的引导。

YES ✓ 实战强化训练

导购："先生，您觉得我刚才介绍的这几款壁纸怎么样？"

顾客："我都不喜欢。"

导购："实在抱歉，我没有帮您找到满意的壁纸。请问您需要的是绿色无害、色泽长久、图纹风格独特的壁纸，对吧？"

顾客："对，是这样。"

导购："那您可以看一看这款壁纸，除了有以上三个优点外，它的耐摩擦度也很强，即使用指甲或者尖锐物体划过，也不会留下划痕或脱色脱皮。除此之外，这款墙纸属于木纤维墙纸，透气性好，耐擦洗，张贴时很容易平整，不会翘边和透底。"

顾客："是这样啊。"

导购："看得出来，您似乎还是不感兴趣。请问您是否已经有了自己喜欢的某种款式了？"

顾客："其实我在××店看中了××品牌的××型号的产品，但他们的报价太高，我不太满意，所以想到处看看。听完你说的这些品牌以后，我觉得还是之前那个品牌好。"

导购："原来是××品牌啊，其实我们这里也有这个品牌。他们给出的报价是多少？"

顾客："×××元。"

导购："价格确实有些高，如果您真的喜欢这款壁纸的话，我可以给您优惠一些，也希望您能多介绍一些顾客来。×××元怎么样？"

金牌技巧点拨

导购在遭到顾客的直接拒绝以后，先是道歉，然后重新确认顾客的需求，并根据其需求重新推荐产品，同时试探顾客是真的需要产品，还是只来了解市场行情。在知道顾客是来了解行情，货比三家以后，导购向顾客提供了更优惠的价格，又向成交迈进了一步。

18 情景演练 询问顾客购买产品的预算大概是多少

NO ✗ 错误应对示例

1. "先生，您打算买多少钱的卫浴呢？"

高手指点 这种涉及"买"和"钱"的询问会给顾客带来很大的心理压力，顾客往往不愿意直接告知。

2. "您想找什么价位的产品，上面都有标价，您看着找适合自己的吧！"

高手指点 这种话过于随便，显得非常敷衍，给顾客一种不耐烦的感觉，也体现不出对顾客的尊重，会让顾客十分反感。

WHY 深度情景解析

很多顾客在装修房屋时会自己购买家居建材产品，这是一项非常大的支出，顾客往往会在购买之前做好预算，根据预算购买符合条件的产品。对不同的价位水平做出的选择，反映出顾客的购买力和需求档次。导购要想实现销售目的，应当在了解顾客的预算之后有针对性地推荐符合其预算的产品。

在了解顾客预算时，导购一般可以采用两种方法，即直接询问法和侧面探询法。

（1）直接询问法是直接询问顾客装修或购买家居建材产品的总预算是多少，然后根据其预算为其推荐合适的产品。

（2）侧面探询法是询问顾客对品牌和质量的要求，如果顾客更关注产品质量，导购就应向其推荐中高价位的产品；如果顾客对质量和品牌的要求不太高，导购就可以向其推荐中低价位的产品。

一般来说，如果顾客说超过了自己的预算，很有可能是想要压价。遇到这样的顾客，导购可以先给顾客说清楚购买推荐的产品能够得到的好处，比如家居的潜在价值、超实用性等。如果客户依然觉得贵，那就直接询问超过预算多少金额，看是否超过商家的底价；如果没有低于底价，导购就说自己可以去试着找店长谈价，但无法保证一定谈得下来，但是绝对不能再低了。如果顾客给出的价格低于商家的底价，就直接说价格实在太低了，这已经是底价之类的话。

YES ✓ 实战强化训练 1

导购："先生，请问您购买地板的预算是多少？"

顾客："地板预算大概有 6 万元吧，在保证质量的前提下，当然是越便宜越好了。"

导购："根据您的预算，我觉得这两种地板比较适合您。我给您简单介绍一下，怎么样？"

金牌技巧点拨

导购通过直接询问法了解到顾客的地板装修预算，然后有的放矢地为顾客推荐了合适的产品。由于质量有所保证，也符合顾客的预算，顾客购买的可能性很高。

YES ✓ 实战强化训练 2

导购："先生，您对木地板有什么具体要求？"

顾客："质量第一，只选品牌产品。"

导购："您考虑得很周全，地板装修是一件非常重要的事情，关系到以后的居家生活，质量好的品牌地板的确更让人放心。您想选择国产名牌，还是选择国际名牌呢？"

顾客："如果是在同一档次，两者价格相差多少？"

导购："每平方米的价格国际名牌比国产名牌大概高 100 元。"

顾客："哦，国际名牌的价格太高，我还是选国产名牌好了。"

导购："好的，我们这里有两款质量过硬、口碑又好的国产名牌木地板，品牌 A 的特点是……，品牌 B 的特点是……，您想要选哪一个？"

金牌技巧点拨

导购通过侧面探询法了解到顾客对木地板的品牌偏好，然后有针对性地向其推荐国产名牌产品，并通过分别介绍两款国产名牌产品来进一步探测其真实需求。

19 情景演练 询问顾客是否是购买的决策人

NO ✕ 错误应对示例

1. "您自己能决定吗？"

| 高手
指点 | 导购这种询问方式等于在说"顾客在家没地位，做不了主"，顾客会以为导购是在嘲讽他，从而产生不满情绪。 |

2. "您需不需要再回家商量一下？"

| 高手
指点 | 这种询问方式会让顾客觉得不舒服，让顾客有一种被贬低的感觉。 |

WHY 深度情景解析

装修、买家居产品对一个家庭来说是一件十分重要的事情，往往需要由所有的家庭成员共同商议之后再做出最终决策。如果是单位采购，购买决策同样会受到很多人的影响。因此，导购应该在挖掘顾客需求的同时了解真正的购买决策人。

一般来说，购买决策人主要是以下人群。

顾客的亲戚朋友

顾客的家人　　　　　　　　　　　顾客的装修设计师

实际使用者　　　　　　　　　　　采购员的上级决策人

购买决策人

了解购买决策人对导购成功销售有重要的意义。一般来说，如果顾客有权做最终决定，导购就只说服他一个人就可以了；如果有更多的人参与到决策中，顾客在做最终决策时还需要参考其他人的意见，导购就要根据不同决策人在购物中所处的地位来进行有针对性的说服。

YES ✓ **实战强化训练 1**

顾客："我想要购买儿童床。"

导购："先生，您准备给孩子买儿童床，不知道孩子有什么独特的要求？毕竟是要给孩子使用的，孩子们喜欢的颜色、样式与我们成年人往往不一样。"

顾客："嗯，我问过他的意见了，上周我就带孩子来看过，他挑了这个颜色和样式的儿童床。"

导购："那我就放心了，有您这么一个体贴的爸爸，您的孩子一定非常幸福！"

金牌技巧点拨

导购在了解了顾客的购买需求以后，由于涉及实际使用者，导购非常细心地建议顾客征询实际使用者的意见，让顾客感觉导购是在为他着想。最后导购赞美顾客，让顾客心情愉悦，十分有利于顾客对导购产生好感，并促成交易。

YES ✓ **实战强化训练 2**

导购："美女，您说您的父母和您住在一起，对吧？"

顾客："是啊，父母年纪大了，我这样可以更方便照顾他们。"

导购："这款沙发的样式、花纹风格比较前卫，长辈一般不太容易接受，所以我建议您还是先参考一下父母的意见。"

顾客："嗯，你说得有道理，那我再看一下其他款式吧！"

导购："如果考虑到长辈的接受程度，这款沙发会是一个不错的选择，年轻人也非常喜欢，您可以看看。"

金牌技巧点拨

导购非常周到地考虑到顾客购买沙发需要参考父母的意见，考虑父母的感受和接受程度，并推荐了既符合年轻人审美风格，又能被长辈人接受的款式，不仅给顾客以好感，展示导购对顾客的重视，还能减少顾客因受到父母反对而退货的概率。

YES ✓ **实战强化训练 3**

导购："先生，您说的这种装修材料比较冷门，大部分顾客在装修时不选择它。请问您是从哪里了解到这种材料的呢？"

顾客："这种材料确实比较冷门，我也是最近才听装修设计师说的，他说这种材料非常好，所以建议我购买这种装修材料。"

导购："是这样啊，那您的装修设计师向您推荐具体的品牌了吗？"

顾客："那倒没有，所以我过来具体了解一下，看哪个品牌的材料更好。"

金牌技巧点拨

导购通过询问了解到，装修设计师对顾客的购买决策有着重要的影响，于是更具体地了解装修设计师对顾客的购买决策是否有更进一步的影响。在明确装修设计师没有更进一步的影响后，导购便可以对顾客做出符合其需求的推荐，以达到销售目的。

20 情景演练 询问顾客是整体装修还是购买单件产品

NO ✕ 错误应对示例

1. "先生，您只买一件家具吗？"

高手指点 这种询问方式会让顾客很恼火，因为买什么、买多少都是顾客的自由，导购没必要一上来就问那么清楚。

2. "您只装修厨卫，不打算装修整间房吗？"

高手指点 开门见山地询问顾客，很容易引起顾客的抵触和反感情绪，很难得到顾客的直接回答。

WHY 深度情景解析

顾客在选购家居建材产品时，整体装修和购买单件产品的要求是不同的，具体见下表。

类型	顾客的关注点	导购的注意事项
整体装修	选购的整套产品是否符合自己想要的风格	了解顾客的装修喜好，如想要的风格、色调等
购买单个产品	比较注重产品与其他家居装修风格的搭配	询问顾客家里的装修风格和现有家居的风格，以推荐最适合的产品

导购有时可以向顾客推荐全屋定制家居,向其介绍全屋定制家居的优势。

（1）随着科技的不断发展,顾客更加注重生活品位,家居在实用的基础上,艺术价值和审美功能也日益凸显。

（2）全屋定制家居可以满足个性需求,根据个人需求设计,顾客其实就是设计者之一。

（3）全屋定制家居能和家居环境相匹配,而且根据顾客的个性定制,充分体现顾客的品位。

（4）随着房价居高不下,中、小户型成为买房者的最优选择,而充分利用空间是一个十分重要的问题。定制家居不仅可以让顾客高效利用空间,对原本难以利用的空间也可以"化腐朽为神奇"。

（5）在个性化的当下,定制家居出现了多种风格,如中式、英式、美式、韩式等。

YES ✓ 实战强化训练 1

导购: "先生,请问您是想更换整套家具,还是只更换一套沙发呢?"

顾客: "我家里的沙发买来很久了,现在沙发坏了,我想再买一套新沙发。"

导购: "哦,是这样啊,请问您家客厅的其他家具是什么风格的?"

> **金牌技巧点拨**
>
> 导购直接询问顾客的需求,在获知顾客只购买单件产品后,进一步询问顾客家里现有家具的风格,以便为其推荐合适的产品。

YES ✓ 实战强化训练 2

导购: "先生,请问您是只装修卧室还是进行整体装修呢?"

顾客: "之前的装修风格太过时了,最近准备把整个房子重新装修一下。"

导购: "哦,是这样啊,请问您喜欢什么样的装修风格呢?您不妨告诉我,我好给您推荐几款合适的地板。"

> **金牌技巧点拨**
>
> 导购直接询问以后得知顾客想要整体装修,于是询问其对装修风格的喜好,为的是方便为顾客推荐合适的地板。

21 情景演练 询问顾客是首次装修还是二次装修

NO ✕ 错误应对示例

1. "先生，请问您是第一次装修吗？"

高手指点	询问过于直接，会让顾客觉得导购可能会因为他第一次装修不专业就欺骗他，从而产生对导购的不信任心理。

2. "您以前没装修过吧？"

高手指点	这种说话的语气会让顾客觉得导购盛气凌人，有点儿看不起他，从而说出假话。

WHY ← 深度情景解析

购买家居建材产品的顾客主要分为两类，即首次装修的顾客和二次装修的顾客，年龄分别在25~32岁和35~45岁。

一般来说，首次装修的顾客多为年轻人，他们缺少家居建材产品购买经验，不知道如何选购产品，对各种家居建材产品的特点也不了解。这类顾客在购买产品时往往崇尚和推崇名牌，追求新潮与时尚，讲究个性与自我，注重体验和直觉，带有更多的冲动性。

二次装修的顾客则大多有一定的装修和选购家居建材产品的经验，曾有过家居产品使用体验，知道什么类型的产品更适合自己。这类顾客在购买产品时更理智，消费更合理，追求实惠和经济实用，注重产品性价比，一般不为导购的意见所左右。

对于这两类顾客，导购要有针对性地予以引导，对首次装修的顾客要予以主动引导；而对二次装修的顾客则应主要听从他们的意见，在适当的时机给予参考意见即可。

YES ✓ 实战强化训练1

（一对青年男女相互牵着手走入店内）

导购："二位好，欢迎光临！你们是想来看看客厅家具吗？看样子你们很累，请先坐下来休息一会儿，我给你们倒杯水。二位是在忙着装修吧？"

顾客："是啊，想不到装修新房这么累，需要准备这么多东西。"

导购："虽然很累，但心里甜啊，为自己打造一个幸福的小窝，现在累点儿也值得。如果二位想省点心的话，你们可以选择客厅家具组合套装，请问你们是喜欢美式风格、欧式风格还是现代风格呢？"

金牌技巧点拨

导购根据顾客的年龄和举止状态推测出顾客是装修婚房，并进一步挖掘顾客的需求和家具的风格，从而有针对性地介绍产品。

YES ✔ 实战强化训练 2

（一对中年夫妇进入店内）

导购："二位好，是想看卫浴产品吗？"

顾客："是啊，我们想看一看马桶。马桶不是分冲落式和虹吸式的嘛，我之前用的是冲落式的，声音太大，所以想换虹吸式的，但听说虹吸式马桶容易堵，下水很慢，是这样吗？"

导购："您的这个问题很专业，您是重新装修房子吗？"

顾客："不，我们又买了新房，这次决定好好装修一下，不能再像之前那样马马虎虎了。"

导购："恭喜乔迁之喜啊！其实虹吸式马桶更符合现代人的生活要求……"

金牌技巧点拨

导购根据顾客的年龄和提问明确对方是进行二次装修，并且顾客提出了明确的产品需求，只是有一些疑问。导购只需对其疑问进行解释，打消其疑问，成单就简单多了。

22 情景演练 询问顾客以前是否听说过自己的品牌

NO ✘ 错误应对示例

1. "先生，请问您以前听说过我们的品牌吗？"

高手指点	这种开门见山式的询问容易引起顾客的警惕。

2. "我们虽然是新品牌，但质量很好。"

高手指点	导购这样推介自己的品牌是自揭其短，新品牌一般不被顾客信任，其质量也很难让顾客信服。

3. "我们的品牌是目前国内同行业中排名第一的。"

高手指点	这种说法过于强势，且有自卖自夸的感觉，难以令顾客信服，反而会激起顾客的抵触情绪。

WHY 深度情景解析

顾客在选购产品时非常注重品牌的知名度和美誉度。对于顾客来说，购买家居产品一般不会经过尝试后再购买，而是根据品牌效应购买。顾客对不同品牌家居建材产品的选择体现了他们对不同生活方式的追求。

因此，导购要发现他们在生活方式上的追求，然后有针对性地挖掘其潜在需求，主要可以从品牌的档次、品牌的风格、品牌所获得的荣誉、品牌所代表的生活方式等方面挖掘，总有一点会让顾客心动。

导购在向顾客推荐品牌时，如果顾客听说过该品牌，导购就要赞美顾客的内行，并顺水推舟地介绍品牌的风格、特点，征求顾客对该品牌的看法，获得顾客的认可；如果顾客没听说过该品牌，导购就要适时向其介绍该产品的优点和顾客不了解该品牌的原因。

YES 实战强化训练1

导购："先生，我猜您一定没听说过这个品牌吧？"

顾客："嗯，确实没听说过，这是我第一次见到。"

导购："是这样的，因为这个品牌没有在大众媒体上做过广告，主要是依靠顾客的口碑宣传才发展到今天的规模。您想，如果这个品牌的产品不好，怎么会有顾客愿意帮忙宣传呢？您说是不是？"

金牌技巧点拨

导购在一开始用肯定的语气引起顾客的好奇，确定顾客没听说过该品牌后，向顾客说出品牌知名度不高的原因，并突出品牌的质量优势和口碑效应，以激发顾客对产品品质的信赖。

YES ✓ 实战强化训练 2

导购："先生，我猜您一定没听说过这个品牌吧？"

顾客："我听说过啊。"

导购："那挺好，看来您一定经常关注建材行业，或者您是一位业内人士。因为这个品牌没有在大众媒体上做过宣传，知道它的人并不多，但它的口碑很好。您说是不是？我给您拿样板看看吧？"

金牌技巧点拨

导购用肯定的语气激起顾客的好奇，发现顾客听说过这个品牌，便先赞美顾客的见多识广，然后征求顾客对该品牌的看法和认可，并通过拿样板来推进销售进程。

第 3 章

Chapter 03

巧妙推介产品情景
口才训练与实战技巧

销售口才

　　导购推介产品其实是一个向顾客展示产品卖点的过程，导购首先必须将所售产品的材质、风格、工艺、尺寸、价格等牢记在心，否则无法在顾客心中留下专业的第一印象，说服力就会大打折扣。

23 情景演练 像专家一样向顾客介绍产品及其优势

NO ✕ 错误应对示例

1. 顾客："我怎么没听说过你们的品牌呀？"
   导购："不会吧？我们的品牌已经存在好几年了。"

> **高手指点** 导购没有向顾客介绍自己品牌的特点，很难吸引顾客，让顾客有一种敷衍的感觉。

2. 顾客："这款家具的产地在哪里？"
   导购："我也不知道产地在哪里，但这并不重要，主要看产品的质量。"

> **高手指点** 导购不知道产品的产地，含糊其辞，会让顾客怀疑导购的专业性，难以信任该品牌。

WHY 深度情景解析

一名优秀的导购必须熟知自己产品的相关知识，这样才能胸有成竹地向顾客介绍产品，灵活应对顾客提出的各种问题，在顾客面前树立家居建材专家的形象，从而赢得顾客的信赖。如果"一问三不知"，顾客会对导购的专业性产生怀疑，更不会对产品产生信任，也就不愿意购买产品了。

导购介绍产品的相关知识主要包括产品的品牌特点、风格、历史、荣誉，产品的材质、种类、特点、风格，产品的制造者、生产流程、原产地、售后服务，产品的功能、独特卖点等。

欢迎光临！
我是衣柜导购员

大多数家居建材企业都有专门介绍自己产品的资料，但这些产品资料的语言比较专业，顾客不易读懂，所以导购除了要熟练掌握产品知识以外，还要把专业、深奥的产品知识用顾客熟悉的语言表达出来，并与顾客的利益相结合，使顾客对产品留下深刻的印象。

YES ✓ 实战强化训练 1

导购： "先生，这是一款进口自意大利的家具产品，是由曾获得××奖的意大利设计师××专门设计的，而且全部制造工序都在意大利完成，有浓厚的地中海风格。"

金牌技巧点拨

导购像专家一样向顾客介绍了产品的产地、设计师和风格特点，能够吸引对这三种因素特别重视的顾客，使其对产品留下深刻的印象。

YES ✓ 实战强化训练 2

导购： "先生，我们品牌的板材使用的木材种类非常多，包括美国橡木、松木、香樟和 E1 级原木纳米板等，您多看看，肯定能够找到喜欢的产品。"

金牌技巧点拨

导购向顾客介绍了产品材质的种类，让顾客从中选择最适合自己的种类，并非常自信地保证顾客一定可以找到喜欢的产品。这种自信的态度和产品材质的多样性会吸引顾客多花时间细细比较各种材质的特点，从中找到最喜欢、最合适的产品。

24 情景演练 向顾客展示产品的资质证明

NO ✗ 错误应对示例

1. 顾客："你们的产品有资质吗？"
   导购："有。"

高手指点 这样的回答过于简单，说服力不强，导购应主动向顾客展示产品的资质，从而获得顾客的认可。

2. 顾客："你们的产品性价比怎么样？"
   导购："我们的产品性价比非常高。"

导购的回答空洞无力，可以说是一句废话，顾客想要听到的是具体的解释，这种简单的回答难以令顾客信服。

导购介绍产品时应着重强调产品的资质证明，这项内容可以增加顾客对产品质量的信心。对于大多数顾客来说，与导购的单纯介绍相比，产品的资质证明更有说服力。因此，导购说出产品的资质证明，可以达到事半功倍的效果。

导购应牢记产品资质证明的名称、认证机构、认证时间等，提前做好这方面的准备，在介绍产品时可以很熟练而自然地说出来。当然，如果能够展示各种资质证明的复印件、牌匾等实物，说服力就更强了。

一般来说，产品资质证明的具体内容主要包括企业在发展过程中发生的大事件、企业获得的重要荣誉、企业的社会形象、企业的口碑、企业的规模和实力等。

导购可以从以下途径了解企业资质和荣誉：

（1）定期浏览企业官网，了解公司新闻、产品动态和行业新闻等；

（2）保留企业的宣传册，熟悉有关企业文化、产品荣誉等方面的内容；

（3）观看企业投放的产品广告，熟悉推广语和优秀的广告画面；

（4）经常参加企业培训和讲座；

（5）记录自己的工作经验、心得体会。

YES ✓ 实战强化训练 1

导购："先生，我们的产品通过了目前国际上最权威的 ISO9001 质量认证。这一认证涵盖产品的设计、生产、安装、服务、使用、环保等全过程。您看，这里就是 ISO9001 质量认证标志！"

金牌技巧点拨

导购向顾客介绍产品经过权威认证，并现场指出认证标志，让顾客在最短的时间内对产品的质量表示认可，对产品的销售起到了事半功倍的说服效果。

YES √ 实战强化训练 2

导购："美女，我们的产品非常环保，达到了目前市场上通行的 E1 级环保标准。E1 级是国家强制性的健康标准，是安全标准线。这么说吧，直接把家具放在屋内，在室温条件下不会释放甲醛等有害物质。"

金牌技巧点拨

导购向顾客介绍产品所达到的产品资质标准，并通过通俗的语言向顾客进行了清晰的解释，可以使顾客明确产品的环保性，对产品的质量放心。

YES √ 实战强化训练 3

顾客："我可以打开包装看看产品有没有毛病吗？"

导购："当然可以了，先生。我非常理解您的担心，我现在就给您打开包装，您可以看看产品的质量。我们已经连续 5 年获得'消费者放心品牌'的荣誉，每一次质检抽查都是过关的，质量上您完全可以放心。"

金牌技巧点拨

导购通过让顾客打开包装检验产品质量，并介绍产品所获得的荣誉，让顾客放心，这种"双重保险"进一步增加了顾客对产品的信任。

25 情景演练 向顾客专业地介绍产品的工艺与品质

NO ✗ 错误应对示例

1. "您可以自己看看产品的质量，一看就知道产品质量是好是坏！"

高手指点 这种回应方式太敷衍，显得太不尊重顾客，容易招致顾客反感。

2. 顾客："你们的产品质量有保证吗？"
   导购："您怎么不相信我们呢？"

高手指点 回答的语气不是很友好，有种埋怨顾客的意思，很容易引起顾客的不满，使门店的形象受损。

WHY 一 深度情景解析

专家级导购不仅要熟记产品的各项卖点,还要掌握专业的产品介绍方法,介绍产品的设计理念和企业文化,以产品的工艺、品质等优势突出核心卖点,并与顾客的利益相结合,进行全方位的产品介绍,从而打动顾客,满足其需求,获得其认可。

一个专家级导购要有以下能力。

(1)熟悉产品工艺和品质等特点;

(2)了解竞争对手产品的工艺和品质特点;

(3)对家居建材行业有一个整体性的认识;

(4)知道怎样布置家居环境,懂得摆放家居和保养家居的方法;

(5)深谙顾客心理,会通过制造产品的感性价值来增强产品的吸引力。

YES ✔ 实战强化训练 1

导购:"先生,我们这款橱柜采用了钢琴烤漆 8 次喷涂技术,并结合紫外光固化工艺。橱柜表面呈现出高光效果,就像镜子一样,很好看。您试一下,是不是像镜子一样?"

> **金牌技巧点拨**
>
> 导购向顾客介绍了产品的独特工艺,使产品独树一帜的特点得到了最大程度的呈现,导购的专业性很容易使顾客信服,赢得顾客对产品的认可。

YES ✔ 实战强化训练 2

导购:"先生,我们这里摆放了 20 多套橱柜样板,每一套样板都展现了独特的风格和设计理念,您可以从中进行挑选。您想象一下,如果把这一整套华丽又大气的欧式橱柜安装在您的家里,您和家人是不是每天都可以沉浸在时尚和奢华的氛围中?每天在这样的环境中制作美食,心情肯定很愉快,做出来的食物肯定会更加美味,您说对吧?"

> **金牌技巧点拨**
>
> 导购通过为顾客勾勒一幅美好的愿景,塑造了橱柜产品的感性价值,无形中就增加了产品的吸引力,使顾客提前陶醉在那份憧憬中,这样一来顾客就增加了购买产品的意愿。

26 情景演练 顾客问："你们和××产品比，哪家质量好？"

NO ✕ 错误应对示例

1. "质量差不了多少，就看您喜欢哪家了。"

> **高手指点** 这种说法无法吸引顾客选择自己的品牌，顾客仍然会在两个品牌之间摇摆不定。

2. "他们的品牌就是广告投放得多，质量没我们的好。"

> **高手指点** 诋毁竞争对手在任何时候都是不可取的，这会给顾客留下不好的印象，让其怀疑导购的人品有问题。

WHY 深度情景解析

很多顾客在选购产品时会"货比三家"，这是很常见的一种现象。当顾客问到本品牌和其他品牌的区别时，说明顾客在作比较，还没有做出最终的购买决定。导购在和顾客的交流中不要避讳谈及竞争对手，否则就会让顾客认为你心虚，进而产生对产品的不利联想。在这种情况下，导购要客观评价竞争对手的产品，要把握好以下三点。

1. 不要贬低竞争对手

当顾客对自己的产品与其他品牌的产品做比较时，导购千万不要以贬低竞争对手的方式来抬高自己，这是一种不正当的销售行为，会损害导购的专业形象，引起顾客的抵触情绪。

顾客的眼睛是雪亮的，导购对竞争对手的贬低恰好表明了导购对竞争对手的恐惧和嫉妒。即使顾客暂时相信了导购的话，一旦知道了事实真相，他们就会对导购的人品产生怀疑，彻底失去对导购甚至所购买品牌产品的信任。

导购应当以客观公正的态度评价竞争对手，不隐藏其优势，但也不夸大其缺点，只要让顾客了解到相关的信息即可。

2. 赞美竞争对手

很多人认为，赞美竞争对手不就把顾客推给竞争对手了吗？其实不必担心。如果顾客真的认为竞争对手的产品质量更好，也就不会走进你的店里了。顾客在竞争对手的产品与你的产品之间做比较，只是想要了解你的看法而已。

所以说，有时候赞美竞争对手也是赢得顾客信任的好方法，顾客会为导购良好的职业道德所感动，从而更加信任和接受导购推荐的产品。

3. 扬长避短

即使再好的产品也会存在缺陷和不足，所以当顾客拿竞争对手的产品与自己的产品做比较时，导购应扬长避短，强调产品优势，淡化产品劣势，让顾客对产品有一个更充分和正确的认识。

导购要根据顾客的具体需求强调自己的品牌特色，最好将优势、特色与顾客的喜好和兴趣结合起来，这样既没有贬低竞争对手的产品，又凸显了自己品牌的优势，更容易赢得顾客的信赖。

除此以外，导购还可以转移顾客的注意力，将与竞争对手的外部对比转移到本品牌不同产品的内部对比，塑造两个最优方案让顾客选择，并帮助顾客淘汰其中一个方案，使其觉得是自己主动做出的决策；然后赞赏顾客的选择，抓住机会成交。

YES ✓ 实战强化训练 1

导购："先生，您眼光真好，我们品牌和您说的这个品牌其实各有各的特色和风格，两个品牌都不错，没有哪家比哪家好的问题，关键是要看您自己的要求。请问您更注重产品的哪些方面？"

顾客："我更看重款式。"

导购："如果是这样的话，我觉得我们品牌的产品能满足您的个性化需求，因为我们的品牌款式新颖，类型多样，您需要什么款式都可以在这里找到……"

金牌技巧点拨

导购首先赞美顾客的眼光，拉近与顾客的心理距离，然后客观评价竞争对手和自己的品牌，并了解顾客的购买偏好，以此为依据来介绍产品的卖点。这样既承认了竞争对手的优点，也凸显了自己品牌的优势，让顾客觉得竞争对手的产品虽好，但自己的产品更符合其需求。

YES ✓ 实战强化训练 2

顾客："A 品牌是实木家具，而你们品牌是板式家具。这两种家居有什么区别呢？"

导购："先生，是这样的。实木家具自然环保，使用寿命长，但保养起来非常麻烦。板式家具最大的优点是款式新颖、色彩鲜艳，也是现今家具市场的主流。板式家具有很强的设计感，而且质地轻，可以轻松地组合变换。如果您哪一天想重新布置家具的位置，板式家具可以很方便地移动，而实木家具质地重，搬起来就费力多了。"

金牌技巧点拨

导购在比较自己的品牌与竞争对手的产品时，并没有一味地指出对手的缺点，而是优缺点都有，但重点介绍了自己品牌的产品优势。

YES ✓ 实战强化训练 3

导购："先生，从您的话里可以感觉出来，您是比较喜欢实木家具的。实木家具的优点很多，如自然环保、使用寿命长、造型丰富，在这些方面，板式家具就差很多。我给您推荐两款产品吧，这都是今年刚出的款式……"

金牌技巧点拨

导购将顾客的注意力聚焦到实木家具上，用自己的两款产品吸引其注意，使其进行内部对比。不管顾客如何选择，都在导购的接受范围之内。

27 情景演练 用各种方式展示家居建材产品

NO ✗ 错误应对示例

1. 顾客："这款壁纸的花纹效果怎么不太好？"
   导购："可能是您看错了吧？"

高手指点 导购不想方设法帮助顾客解答疑惑，反而质疑顾客的眼神，会让顾客感觉受到了冒犯。

2. 顾客："这种地板砖会不会在灯光照射下显得刺眼？"
   导购："怎么会呢？您打开灯看看，有刺眼的感觉吗？"

高手指点 导购的这种说法十分不礼貌，顾客的合理要求应该尽量满足，并且以热情的态度帮助顾客体验产品，这样才能消除其质疑。

WHY 深度情景解析

对于同一款产品，店里的光线、装饰、摆放位置、搭配组合等方面不同，也会使其呈现出不同的形态。导购应利用各种方式来展示家居建材产品，让顾客全方位感受产品的各种形态。

导购可以根据产品的具体情况，采用以下方法来刺激顾客的视觉效果：利用现场的灯光变化展示产品，利用不同产品的组合展示产品，利用有特色的装饰品展示产品，从不同角度展示产品等，最终目的都是让顾客对产品有一个全方位的认识。

YES 实战强化训练 1

导购："姐，购买新家具需要考虑的是与家里的其他家具风格保持一致，我们对于这一点早有考虑。很抱歉，我们不知道您家里的家具风格是怎样的，您可以看看我们这里的样板间组合，基本上涵盖了常见的装修风格。您家里的已有家具属于哪种风格？"

金牌技巧点拨

导购一开始就站在顾客的角度设身处地为顾客考虑，提出购买新家具要考虑与已有家具的风格和谐一致，然后带领顾客比较不同的组合搭配，以帮助她找到最适合自己的家具产品。

YES 实战强化训练 2

导购："先生，看样子您非常喜欢通过改变家具或是装饰品来变化家居风格，是吗？"

顾客："是啊，我不喜欢一成不变，那样太闷了。"

导购："我十分赞同您的说法，一成不变的生活太乏味了，这也是现在布艺沙发非常流行的原因。布艺沙发想要改变风格是十分容易的，只要改变沙发的布套就行了。一年四季，我们可以自由选择不同风格的布套。春季我们可以使用田园风格的布套，映衬着春日的生机盎然；夏季我们可以使用一些有清爽图案的布套，给夏日带来一丝清凉；秋冬季我们可以使用一些带有温暖色彩的布套，给家庭生活增添温暖。我们为这款沙发设计了多种不同风格的布套，这里有参考样式，您可以看看。无论您喜欢什么样的风格，您都能在我们这里找到满意的款式。"

金牌技巧点拨

人们对于家庭装修的要求越来越高，很多顾客倾向于通过家居装饰来改变家居的整体效果，导购恰恰抓住顾客的这一心理需求，通过产品的不同装饰搭配来展示自己的产品。

28 情景演练 使用专业道具展示产品

NO ✗ 错误应对示例

1. "这款壁纸的实际效果非常好。"

高手指点 导购的语言太空洞，没有说服力。导购可以利用软件将顾客带入一个生动的场景，让顾客通过体验产品在场景中的应用而产生购买欲。

2. "我们产品的环保性是经过专家测评过的。"

高手指点 导购的话过于空洞，应该拿出测评结果，用数据说话，这样才容易使顾客信服。

WHY 深度情景解析

销售道具是促进产品销售的有效工具，正所谓"工欲善其事，必先利其器"，导购在销售过程中要善于利用销售道具来展示产品，吸引顾客的关注，使其能够全面了解产品，对产品有一个形象化的认知，感知产品的实际使用效果，这样做可以有效地提高产品的成交率。

有效的产品销售道具包括产品本身，产品说明书、专业的技术资料等，大众媒体的评论介绍，特制的专业道具，图片等小道具。例如，专业的互动软件可以让顾客亲自当一回"设计师"，在软件中使用各种产品，查看其设计后的效果，这是一种将产品置于整体家居空间中体验装修效果的有效方法，可以有效地使顾客产生购买欲望。

当然，导购应灵活使用销售道具，不能太刻意地使用新奇道具，以免让顾客产生不满情绪；另外，导购要围绕销售主题展开，不能使用无助于销售、毫无关联的道具。

YES ✓ 实战强化训练 1

导购："先生，这款耐磨瓷砖是我们店的招牌产品，也是全国十大名牌产品之一，引进意大利全自动化生产线及 7 800 吨萨克米压机，压制的瓷砖硬度、密度和耐磨度都非常好！您可以试一试，用这枚钢钉随便划一块耐磨砖，看看结果怎么样？"

（顾客用钢钉在一块瓷砖上划了几下）

顾客："嗯，确实没有划痕！"

导购："您看到了吧，用钢钉划都不会留下痕迹，这不正好说明我们的瓷砖质量好吗？不然它能叫耐磨砖吗，您说是吧？"

金牌技巧点拨

导购向顾客介绍完产品的优势以后，给顾客道具，让顾客亲自感受产品的特点，使其心服口服。

YES ✓ 实战强化训练 2

导购："先生，这是我们最新推出的全效墙面漆，可以说代表了现代涂料技术的最高水准。这款涂料采用 Lumi Tech 宽显技术，可以反射更多光线，在相同色相和饱和度下，其亮度可以达到其他墙面漆亮度的两倍，能够很好地提升房间的明亮度和空间感。我这里有两个用纸制作的房间模型图片，您觉得这两个房间哪个面积更大呢？"

顾客：（指着其中一个）"这个更大一些。"

导购："实际上这是两个同样大小的房间，您之所以觉得这个房间的空间更大，正是因为这个房间使用了我们这款全效墙面漆。您看，上面标注着涂料名称，这个看起来空间更大的房间使用的正是这款最新型的涂料。"

金牌技巧点拨

导购用图片对全效墙面漆的亮度进行了展示，让顾客对产品的特点有一个直观的印象，让顾客通过自己的选择印证了导购对产品的介绍，其说服力更强，顾客的购买欲望也更强。

YES ✓ 实战强化训练 3

导购："美女，这种布艺沙发是现在最流行的，不仅风格多种多样，还十分方便，特别是清洗起来很轻松。我来给您演示一下（拿出圆珠笔，在沙发上轻画），沙发上有了污渍，不用担心，只要用蘸水的布轻轻一擦就干净了，（用湿布擦干净）您看，我说得没错吧？"

金牌技巧点拨

导购通过用湿布擦净圆珠笔造成的污渍来证明布艺沙发易于清洗的特点，让顾客通过观看实际操作，从心理上认可产品的优势。

29 情景演练 开展体验营销，让顾客体验产品

NO ✗ 错误应对示例

1. 顾客："我可以体验一下你们的产品吗？"
   导购："我们的产品质量很可靠，您还信不过吗？"

高手指点 导购这样回答显得很不客气，是一种很消极的应对方式。导购应主动邀请顾客体验自己的产品，感受产品的独特性。

2. 顾客："我不太会使用这款产品。"
   导购："这很简单，您一看说明书就懂了。"

高手指点 导购的这种应对是对顾客的冷漠和不尊重。顾客想要的是我们为他解释清楚如何使用产品，而不是敷衍顾客，让他自己去看，去琢磨。

WHY **深度情景解析**

　　家居建材行业的行业属性为低关注度和高参与度，所以顾客在整个购买过程中的体验就至关重要。体验可以使顾客从抽象的认识提升到形象的认识，从感觉到心理全面认识产品，加深顾客对产品的印象，从而诱发其购买行为。这就是体验营销的目的所在。

　　开展体验营销，让顾客亲自体验产品也是导购与顾客进行交流的手段。在介绍产品时，导购应主动引导顾客亲自触摸、使用、体验产品，感受产品的真正使用效果，体验其优越性。

　　导购在让顾客体验产品时需要把握以下几点。

1. 找对时机，真诚邀请

　　在一开始推荐产品时，导购不要着急地邀请顾客体验产品，除非顾客真的对产品有一种急切的操作和体验欲望，导购才可以真诚地请求顾客体验产品。一般来说，当顾客主动接触产品，或者在产品前驻足，或者询问产品的相关问题时，导购就可以向其提出真诚的建议。

2. 自信专业，理由充分

　　导购要用自己专业的知识向顾客提出最体贴的建议，这样才能获得顾客的信任。在邀请顾客体验产品时，导购的语言要表现出自信和兴奋，并说出充分的理由，让顾客有一种非体验不可的冲动，如"相信我，您坐在这个沙发上看电视，一定会爱上这种感觉的"。

3. 缓解顾客压力

　　导购不妨告诉顾客，买不买都没有关系，以此来缓解顾客的压力，使其放松戒备，亲身体验产品，如"我们的产品欢迎每位顾客都来体验"，"不买也没关系，您可以先试一试"。

4. 学会坚持，重新推荐

　　当邀请顾客体验产品遭到拒绝以后，导购不要轻易放弃，要在想好再次邀请顾客体验的充分理由后发出二次邀请。但如果两次邀请都遭到拒绝，就不要盲目坚持了，不然顾客会产生反感情绪。导购可以真诚地询问顾客的真实需求，并重新为其推荐产品。

YES ✓ 实战强化训练 1

顾客："我想看看地板，你能给我说一说实木地板和实木复合地板到底有什么区别吗？"

导购："先生，把这两种板材放在一起对比，其实很容易分辨出来。您看，这个是实木地板，您摸一下，是不是感觉特别顺畅、光滑？因为它是100%原木制造的，没有黏合和拼接，只是在原木表面上淋漆，可以说几乎是纯天然产品。这个是实木复合地板，从名字就可以知道，它不是原木的，而是由不同树种的单板黏合而成，您摸一下看看，是不是有很多缝隙？一般来说，实木复合地板表层的木材比较名贵，但很薄，下面几层则是普通的木材。这两种地板各有优缺点，实木地板的脚感很好，更舒适，但保养起来很麻烦，还容易损伤，价格也比较高；实木复合地板结实耐用，价格较低，但脚感不如实木地板。您觉得哪种比较适合您呢？"

金牌技巧点拨

导购从材质、感觉和价位等方面向顾客介绍实木地板和复合地板的区别，并请顾客通过触摸来感受产品的品质，从而增加了将产品销售出去的机会。

YES ✓ 实战强化训练 2

导购："这款浴缸有很多功能。您看，按下这个按钮可以开启它的热水器功能，热水器运用水电分离原理，安全性很高，您可以亲自感受一下水温。水温是可以随意调节的，您可以在 20℃~60℃之间自由选择，这里是调节按钮。这款浴缸还是节能环保型的，具有超滤杀菌功能，浴缸里的水还可以循环存储使用。此外，它还具有按摩功能，可以使您疲惫的身体获得充分的放松。您可以自己操作一下，感受一下我提到的这些功能。"

金牌技巧点拨

导购不仅向顾客详细介绍了产品的很多优势特点，还让顾客通过操作感受产品的实用性，以此来引起顾客的购买冲动。

30 情景演练 让顾客"听声辨材"选产品

NO ✗ 错误应对示例

1. 顾客："这款家具是实木的吗？"
   导购："肯定是的，您看说明书上标得很清楚。"

> **高手指点**　导购让顾客直接看说明书，显得十分敷衍，没有尽到服务顾客的责任，这会让顾客非常生气。

2. 顾客："这款家具是实木的还是板材的？"
   导购："毕竟价格摆在那里，肯定是板材的了。"

> **高手指点**　导购的这种回答是在说顾客看中的是便宜货，这会让顾客感觉自己被鄙视和看不起，从而生气地离开门店。

WHY 深度情景解析

通过敲击产品所发出的声音来辨别产品的材质，这是很多顾客在选购家具时常用的技巧，而利用听觉感受来展示产品也是导购销售家居建材产品的有效手段之一。

在介绍和展示产品的过程中，导购不要单纯地介绍产品，而要辅以形象的体验，其中声音就是有效的体验之一。导购最好主动引导顾客敲击产品来听声音，以此判断产品材质的好坏；同时可以向顾客介绍一些简单的辨别材质的技巧。这样既能充分展示产品的优越性，又能让顾客对产品留下深刻的印象。

对于不同的材质，听声辨别的标准见下表。

材质类型		质量好	质量不好
瓷质产品	墙砖/小规格瓷砖	有金属质感，声音清脆且均匀	声音沉闷
	大地砖/玻化砖	声音浑厚、绵长	声音混浊，没有回音
木质产品		声音较沉闷、均匀（实木）	声音很杂乱（板材）

续表

材质类型	质量好	质量不好
复合板材产品	清脆悦耳	声音发闷，可能有散胶问题；不同部位声音差异大，可能是内部有空洞

YES ✓ 实战强化训练 1

　　导购："美女，一看您就很内行，选购红木家具的三个要点是'一看二听三敲'。质量好的红木家具，我们在用手敲击时会听到它发出类似于敲锣、打钟的悦耳声音。您敲一下试一试，听到的是不是这种声音？"

金牌技巧点拨

　　导购首先恭维了顾客，然后详细介绍了红木家具的选购方法，并让顾客自己感受产品，让产品的实际效果说话，从而消除顾客的担忧。

YES ✓ 实战强化训练 2

　　导购："先生，选购墙砖有一些小窍门，您可以从包装箱中随便取出一片墙砖，先看一下表面是否平整，是否完好无损，然后用其他瓷砖轻轻敲打这片墙砖，或者用手指轻轻叩击墙砖，如果发出的声音清脆、响亮，就说明墙砖的质量好；如果声音沉闷混浊，说明墙砖内有裂纹。您来试一下吧！"

金牌技巧点拨

　　辨别墙砖好坏有很多标准，导购向顾客介绍了"听声辨密度"的小窍门，声音清脆、响亮则说明墙砖的瓷化密度和硬度高，质量好；并邀请顾客亲自进行体验，使其对产品留下深刻印象。

31 情景演练 引导顾客辨别产品质量的好坏

NO ✗ 错误应对示例

　　1. 导购："您可能觉得我们这款电视柜有××问题吧？"

高手 指点	导购主动提出自己产品存在问题实有不妥，既然提出了也要用事先准备的相关回答彻底消除顾客对产品质量的异议。

2. 顾客："听说这种橱柜容易受潮。"
   导购："不可能，我们这是大品牌，怎么会有那种问题？"

高手 指点	导购的回答太过于绝对，大品牌不等于什么问题都没有，而且反应激烈，会给顾客一种不自信的感觉。导购要热情地为顾客解答疑问，引导顾客辨别产品质量。

WHY 深度情景解析

由于家居建材产品的使用年限较长，如果没有良好的质量，顾客便不会认可产品。因此，导购要善于向顾客介绍产品的质量，在介绍时不能使用简单的陈述语气，这样难以引起顾客的兴趣。

为了引起顾客的兴趣，导购在介绍产品时需要使用一些有效的技巧，比如，导购可以主动提出一些关于产品质量的问题以吸引顾客的注意力，然后用事先准备好的答案解决顾客的疑问；导购也可以向顾客传授一些已经被实践证明有效的质量鉴别方法，让顾客亲自检验产品质量。

总之，导购不要站在那里干巴巴地介绍产品质量如何好，而要通过有力的证据来证明给顾客看。

导购还可以利用顾客对大品牌的信赖，将自己所销售的家居建材产品与顾客所熟知的、社会公认的品牌联系起来，通过比较将这种信赖转移到自己所销售的产品上，从而抓住顾客心理，使其对产品质量等各方面深信不疑。

YES 实战强化训练 1

导购："先生，分辨强化复合地板的质量好坏其实很容易，我向您介绍一种非常简单且实用的方法吧！您可以拿一颗钉子在地板的料头上用力划，再用手擦几下划痕，如果能擦掉划痕，就说明地板的质量很好，否则就说明质量差，您就得考虑买其他地板了。我给您找一块地板料头您自己也可以试一试。"

导购通过向顾客传授简单、实用的鉴别质量的方法，并提议让顾客亲自验证，不仅可以引起顾客的兴趣，还会使其更信服产品的质量。因为是亲身体验，给顾客留下的印象会更加深刻。

YES ✓ 实战强化训练2

导购："先生，很多顾客觉得我们的衣柜门板比较薄，认为质量不太好，您是不是也有这种看法？"

顾客："是啊，门板这么薄，感觉很容易坏。"

导购："您的担心不无道理，门板很薄确实让人觉得很容易损坏，但我们之所以要这样设计，是因为这样的门板厚度是符合科学要求的。从结构力学的角度讲，衣柜的柜身作为容纳物品的地方，承受力就大，必须要结实耐用，您看一下，我们的衣柜背条都很宽，背板也很厚，再加上多板层的设计，可以保证衣柜稳定耐用。而门板本身并不是受力部件，如果厚度超过15厘米，反而会因为重量过大而增加门铰扭矩，影响衣柜的使用寿命，这种薄门板重量较轻，更科学、合理；相反，如果衣柜的门板较厚而背板较薄，就要小心其质量问题了。"

导购通过提出问题"自曝其短"，引起顾客的好奇和兴趣，然后有理有据地解决顾客的疑问，会让顾客发出"果然是薄门板好"的感慨，使其对产品的质量十分信任。

32 情景演练 运用顾客见证增强产品口碑

NO ✗ 错误应对示例

1."这款家具现在卖得挺好，您可以看看。"

高手指点 导购这样推荐产品只是主观判断，说服力不强，顾客不会因为这句话就喜欢导购推荐的产品。

2. 顾客:"你们这款产品卖得怎么样,用户对它有什么评价?"

　　导购:"我们这款产品卖得相当好,用户对它的评价也挺不错。"

高手指点 导购的回答空洞无力,使顾客难以相信。导购应拿出有力的证据来说明自己的产品成交量高,从而激发顾客的购买欲。

WHY　深度情景解析

　　所谓顾客见证,就是让已经成交的顾客购买产品的事实来增加其他顾客的购买信心。顾客是愿意听导购自吹自擂,还是愿意听使用产品的顾客的公正评价呢?答案肯定是后者。

　　事实证明,顾客见证有巨大的说服力。利用顾客见证来说服顾客是非常容易操作的一种手段,只需要告诉顾客某人(身份较高或影响力较大的人)曾在这里购买产品即可,这比枯燥的介绍有效得多。比如,"××明星曾在这里买过一套书柜""××知名企业在这里买了一大批建材"等。

　　在销售过程中,导购可以把购买过产品的知名人物的名字记录下来,如有可能,最好请他们进行简单评价,然后汇总成一个《顾客见证册》,让想要购买产品的顾客进行浏览,以增强其购买信心;或为顾客列举其他人购买产品的经历和他们分享的产品使用感受,利用顾客的从众心理来激发其购买欲望。另外,导购还要提前准备一些相关的书面见证资料,如媒体报道等。

YES　实战强化训练 1

　　导购:"美女,您坐在这个凳子上感觉舒服吗?"

　　顾客:"还行,挺舒服的。"

　　导购:"您可能不知道,××电视台的化妆间采购了我们的凳子,就是因为我们的产品使用体验很好。演员在演出前要有很长的一段时间进行化妆,要一直坐在凳子上,如果坐着不舒服,演员会觉得很累,就会影响他们的后续演出效果。我们的凳子不会出现那种情况,就算长时间坐在上面人也不会觉得累。想必您也体验到了。"

金牌技巧点拨

　　导购先是询问了顾客的体验感受,然后利用知名、权威的顾客来为产品的品质做背书,进一步增强了顾客对产品的购买意愿。

YES ✓ **实战强化训练 2**

导购： "先生，著名影星××在X花园购买了一套别墅，上个月装修时就是在我们这里订购的实木板材。"

顾客： "是吗？"

导购： "是的，××之所以选择并十分信赖我们的产品，就是因为我们的产品品质好、档次高，在选材和做工方面都非常严格，顾客评价都很不错。您看一下我们的销售记录，我们还得到了他的签名。像您这么有品位的成功人士肯定也会和他一样认可我们的产品；而且我敢保证，您用了这款产品以后绝对会满意。"

金牌技巧点拨

导购向顾客提及某知名影星曾在这里购买产品，并说出这位有影响力的见证顾客购买产品的原因，即质量好、档次高，还拿出了销售记录、影星签名来验证自己的说法，最后恭维顾客是一个成功人士，保证产品会使其满意，这么密集的言语攻势会极大地促进销售成功。

33 情景演练 详细介绍产品的使用说明和注意事项

NO ✗ **错误应对示例**

1. 顾客："这款浴缸有很多功能，你能为我介绍一下吗？"
   导购："不是有产品说明书吗，回家仔细看看说明书就明白了。"

高手指点 导购的回答过于敷衍，也十分不专业，无法解决顾客的疑问，会令顾客因得不到尊重而生气，放弃购买。

2. 顾客："这款智能马桶盖怎么使用呢？"
   导购："这款智能马桶盖使用起来非常方便，您回家问问您的孩子，他们都知道。"

高手指点 导购的回答很不尊重人，会让顾客觉得自己遭到了嘲讽。导购应该耐心、具体地为顾客讲解产品的使用方法，为其提供良好的售中服务。

WHY 深度情景解析

　　顾客是产品的购买者和使用者，不一定是专业人士，他们可能并不太了解在使用家居建材产品时的注意事项与保养常识。因此，导购在向顾客介绍产品时不要忘了提醒他们在使用产品时需要注意什么，以免顾客购买以后在使用时操作不当，使产品的实际效果出现差异，甚至造成产品的损坏或人身伤害。

　　除此之外，这样做还可以体现出导购服务的用心、细心、真心，从而获得顾客的好感。导购也要向顾客介绍多功能产品的各项功能的使用方法，让产品实现其最大的功用。对于操作烦琐的产品，导购要为顾客演示操作步骤，提醒其注意事项。

　　说明书可以对产品或服务内容进行客观的介绍和科学的解释，帮助顾客了解产品的特性，掌握产品的操作程序，从而达到科学消费的目的。

　　不过，有很多说明书充斥着大量专业术语，艰涩难懂，对于顾客来说理解起来比较吃力。因此，导购应牢记产品说明书上产品的性能、参数、使用方法、操作指南、注意事项，不仅在向顾客介绍产品时显得非常专业，还可以灵活地用通俗易懂的语言使顾客轻松了解产品的使用方法和保养技巧。

YES ✓ 实战强化训练 1

　　导购："先生，这是我们公司最新款的自动晾衣架，只需遥控器轻轻一按，就可以自动升降。请等一下，我来给您演示一下。（拿出几件准备好的衣服）我们把衣服挂在衣架上，然后按这个按钮，您看，它就自动升起来了，很方便吧？（把遥控器交给顾客）来，您亲自试试，按这个按钮就可以让衣架下降了。这款产品的材质是合金的，而且使用的是最新的合金技术，这让这款自动晾衣架显得非常轻巧、结实、耐用。另外，这款自动晾衣架的外观设计也很好看，不晾晒衣服时，与阳台相互映衬，也是一个很好的家居装饰品。您说呢？"

金牌技巧点拨

　　导购向顾客演示了产品的使用方法，并让顾客亲身体验，消除了顾客的疑虑，最后又提到产品的材质和外观设计，进一步增加了产品的优势。

YES ✓ 实战强化训练 2

导购："先生，如果您喜欢这款玻璃台面的茶几，有一点我需要提前告知您一下，您在日常使用时最好常备一些杯垫，不然盛满热水的杯子可能会损坏台面。您可以使用这种花布杯垫，外观设计十分漂亮，而且价格也很低。"

金牌技巧点拨

导购在顾客购买之前就向其说明了使用产品的注意事项，可以有效地避免顾客在平时使用过程中对产品造成损坏，同时还间接地增加了关联产品的销量。

34 情景演练 顾客喜欢的产品存在缺陷怎么办

NO ✗ 错误应对示例

1. "我们这款产品是十分完美的。"

高手指点	过于绝对，一旦顾客发现产品的任何缺点，都会感觉受到了欺骗。

2. "我们的产品很便宜，但是款式有些旧，不够时尚。"

高手指点	导购的这种说法虽然很诚实，把产品的优缺点都说了出来，但先说了优点后说了缺点，会让顾客对缺点印象更深，不利于销售。

WHY ▬ 深度情景解析

世界上没有不透风的墙，谎言是无法遮盖住真相的，一旦某个产品存在缺陷或缺点，迟早会被顾客知晓。如果导购没有提前把产品的缺点告诉顾客，而顾客在成交之前发现了产品的缺点，就会对导购产生怀疑，使整个销售过程变得非常艰难；如果成交之后顾客发现了产品的缺点，投诉就不可避免，带来的麻烦会更多，甚至对整个品牌造成难以估量的不良影响。

任何一个人都不愿意买到有问题的产品，这是人之常情。而很多导购为了尽快达成交易，会故意回避产品问题只介绍产品的优点。任何一个产品都不可能只有优点没有缺点，如果导购一味讲述产品的优点，对缺点避而不谈，就很难获得顾客的信任。因此，一旦一个产品存在问题，导购不要等着顾客自己发现，而是要主动说出来。

不过，说实话也讲究技巧。导购在向顾客提及产品的缺点时不妨避重就轻，采用"负正法"来抵消顾客的不满情绪。所谓"负正法"，是指先说出产品的缺点，然后根据产品的缺点进行解释说明，以证明该缺点并非是不可弥补的。

形象地来讲，"负正法"就是"先苦后甜"。心理学家认为，人们在听的过程中更容易注意"但是"后面的内容。因此，导购先说出产品的缺点，再说出产品的优点，产品的优点就会被放大，缺点就会被缩小。

YES ✓ 实战强化训练

（顾客看中了一款老式的卫浴产品）

顾客："这一款卫浴产品挺不错的，你给介绍介绍吧！"

导购："先生，虽然这款卫浴产品的款式不是最新的，但它的价格很便宜，只有新款的八成，而且质量与新款的一样有保证。"

金牌技巧点拨

导购并没有向顾客隐瞒真相，而是很坦诚地说出了产品缺点——款式旧，不过她用"但是"做转折，模糊了产品缺点对顾客的影响，反而提升了顾客对产品优点的印象。

35 情景演练 运用 FAB 销售法讲述产品特点、优点和利益

NO ✗ 错误应对示例

1. "我们这款产品会给您带来很大的便利。"

高手指点	过于简单的讲述，只说明了产品给顾客带来的利益，但没有具体说明产品的特点与优点，顾客无法详细了解产品的特征。

2. "我们这款产品有很多优点，您买了肯定会满意的。"

高手指点	这种说法缺乏证据，没有说明产品优点的具体内容，无法让顾客相信买了会满意。

WHY 一 深度情景解析

顾客在选购家居建材产品时，除了要知道这款产品的材质和特点等基本情况，还要了解产品可以给他带来的利益，是否可以解决他的问题。如果产品可以满足顾客所需要的利益点，顾客是愿意花钱购买的。

因此，导购在介绍产品时不能流水账式地介绍产品的特点，而要从产品属性、属性带来的作用和优点，以及作用和优点可以给顾客带来的利益这三个方面入手，让顾客清楚地知道，产品可以解决他们的什么问题，可以为他们带来哪些好处和利益。

导购可以运用 FAB 销售法来引导顾客下单。FAB 销售法是指通过介绍和比较产品的特征、优点，陈述产品给顾客带来的利益，以达到销售目标的过程。其具体内容分为以下三点。

1. 特征（Feature）

产品特征是指产品的特质、特性，包括产品的性能、使用的简易及方便程度、耐久性、经济性、外观优点及价格等。对于信息比较复杂的产品，导购可以将产品信息做成卡片或宣传材料，既能避免自己讲解出错，也能减少顾客的疑虑。

2. 优点（Advantage）

产品优点是指产品的特殊作用，或者某项特征在该产品中扮演的特殊角色和具有的特殊功能等，以及相对于同类产品的优势。

3. 利益（Benefit）

产品利益是指产品具有的能够满足顾客需求的特定优势。这是 FAB 销售法最重要的一步，我们应在了解顾客需求的基础上，把产品能给顾客带来的利益充分列举出来。

在阐述产品利益时，导购要更多地强调产品给顾客带来的内在的、实质上的利益，可以用众多形象化的词语来帮助顾客虚拟体验产品。

YES ✓ 实战强化训练 1

导购："先生，我们这款床垫的最大特点是床垫内部使用了袋装弹簧，这是设计师根据人体工程学原理进行排列组合的，这样每一根弹簧都可以分担人体压力，有效杜绝了受压力产生的弹簧之间的摩擦。使用这款床垫，您可以使脊柱保持自然状态，从而睡得安稳、香甜。"

金牌技巧点拨

导购运用了 FAB 销售法，其中使用袋装弹簧是 "F"，杜绝弹簧之间的摩擦是 "A"，而让顾客睡得安稳、香甜是 "B"，这也是阐述 "FAB" 的一般顺序。这样做非常清楚、明了地介绍了产品的特点、优势和利益，可以让顾客更了解产品，从而做出购买行为。

YES ✓ 实战强化训练 2

导购："先生，我们这款橱柜的五金配件是意大利进口的，折合次数可达 8 万余次，使用寿命很长。这种五金配件还不容易生锈，外观设计很好看，再加上配饰，会让您的橱柜看起来非常时尚。"

金牌技巧点拨

导购运用了 FAB 销售法，其中意大利进口是 "F"，折合次数多、外观设计好看与不易生锈是 "A"，而使用寿命长、让顾客的家居时尚是 "B"。导购在使用这一方法时，将产品的优点和利益分两次来讲述，显得更加条理清晰。第一次阐述的是五金配件的实用功能，第二次讲的是时尚性，这可以让顾客更具体地了解产品，从而产生购买欲望，做出购买行为。

第4章

应对顾客拒绝情景
口才训练与实战技巧

销售口才

　　俗话说："褒贬是买主"。其实，拒绝是成交的前奏，当顾客提出某种对产品的反对意见时，往往代表着他对产品感兴趣。如果导购能够逐一化解顾客的异议，并提供解决办法，满足顾客的需求，那么成交就会变得轻而易举。

36 **情景演练** 顾客说自己没听说过这个品牌

NO ✗ 错误应对示例

1. "是吗？我们这个品牌知名度挺高的。"

高手 指点	导购的回答暗示顾客的无知，会让顾客感觉不舒服。

2. "我们在电视台一直都在投放广告。"

高手 指点	这种回应会让顾客认为因为是新品牌，所以才投放很多广告，他们会更不信任。

WHY 深度情景解析

　　大部分顾客只有在准备装修时才会关注家居建材产品，所以当他们提出不了解某个品牌时，导购不必对此大惊小怪，更不要不屑一顾，瞧不起顾客。不过，由于顾客不了解你的品牌，这就导致很多时候他们可能会放弃购买你的产品。

　　要想解决这一问题，导购就要向顾客介绍自家的品牌，使其了解这个品牌的历史、企业文化、生产规模、产品风格或特点、售后服务等一系列相关信息，让他们知道，这个品牌可以为其提供满意的产品和服务。

　　在听到顾客说"没听说过你们的品牌"时，导购首先要把过错揽到自己身上，再向顾客重点介绍品牌的优势，多重复几次品牌的核心价值，确保顾客充分了解。

YES ✓ 实战强化训练 1

　　导购："是吗？非常抱歉，看来是我们的宣传还没有做到位，但幸运的是，我们今天终于有机会向您介绍这个品牌了。我们的品牌创建了15年，是国内首批被认定为无毒害的室内装饰装修产品，也是国家免检产品，曾荣获多项荣誉，是行业十大影响力品牌之一。我们的瓷砖产品是×××办公大楼、××××办公大楼、××××花园、××××国际中心、××世贸中心等众多知名建筑的首选产品。"

金牌技巧点拨

导购首先向顾客表示歉意，然后向其介绍了品牌的历史、荣誉、行业地位和权威客户，可以使顾客很快了解品牌的大致情况，知道这是名牌产品，从而放心购买。

YES ✓ 实战强化训练2

导购："实在是不好意思，我们品牌的宣传工作还不到位。不过，相信今天我向您介绍了这个品牌以后，您一定会留下深刻的印象。我们的品牌已经有23年的历史了，目前在国内壁纸行业位居前列。我们现在主推××品牌，这是我们品牌与意大利著名壁纸厂商共同创建的，旗下所有产品的生产工艺、设计方案及模具制造等都引进意大利全自动生产线，采用欧洲产品标准。××品牌的产品外观纹理精致，设计时尚前卫，深受当下年轻人的追捧。"

金牌技巧点拨

导购向顾客介绍了品牌的历史和行业地位，与意大利同行共同创建品牌，产品标准和生产线来自欧洲；最后介绍产品的外观和设计，以及受欢迎程度。从各个方面证明了自己品牌的优势，会让顾客认为购买这个品牌的产品会是一个不错的选择。

YES ✓ 实战强化训练3

导购："女士，也难怪您不知道我们品牌，虽然我们品牌创建时间不短，但过去市场主要在南方地区，今年年初才来到北方市场的，所以还请您多多关照。我们这个家居品牌主要销售简单实用、新中式风格的板材家居，致力于为您这样的顾客提供简约而时尚的家居环境。如果您觉得我们的产品不错，还请帮我们多多宣传。我来给您具体介绍一下我们的各种产品吧，请跟我来……"

金牌技巧点拨

导购向顾客指出自己的品牌历史很长，不知名的原因只是市场区域不同，这会让顾客有一种安心感，可以放心购买。导购希望顾客多多关照，态度友好，这种对顾客的恭维也会使其对导购及其代表的品牌充满好感，这进一步增加了导购成功销售的可能性。

37 情景演练 一听报价，顾客立刻面露不悦转身就要离开

NO ✗ 错误应对示例

1. 放任顾客离开，不理睬，也不挽留。

> **高手指点** 导购这样应对太消极，不懂得把握潜在顾客，很难有业绩上的提升。

2. "先生，您别只看价格，要看看产品的质量啊！"

> **高手指点** 的确是"一分钱一分货"，但当顾客准备离去时导购才说出这样的空话来，顾客是很难改变自己的决定的。

3. "先生，先别走，诚心想买的话可以给您打个折。"

> **高手指点** 本意是想挽留顾客，但轻易地提出价格让步容易让顾客"得寸进尺"，导致自己在随后的讨价还价中处于不利地位。

WHY — 深度情景解析

　　一般来说，顾客询问产品价格表明他对产品有一定的兴趣。不过，有兴趣不一定就会购买，价格是一个十分敏感的因素，是顾客在购买产品时重点考虑的因素。顾客一听报价立即离开，有两种可能：一是产品的价格超出其购买预算，二是产品价格超出其心理预期。

　　在与顾客沟通时，导购要尽量避免主动报价，以免从一开始就让自己处于被动地位。当然，有些情况是导购无法掌控的，如顾客主动看标价或询问价格，导购不可能故不作答，即使明知道这样会让自己失去价格谈判中的主动地位。

　　无论如何导购都不能轻易放任顾客离开，而是要积极、主动地争取顾客。

只有留住了顾客，导购才能有销售成功的机会，否则导购技巧再高超也毫无用武之地。

很多时候顾客之所以觉得价格高，主要是因为他还没有完全了解到产品对他有什么好处，能够给他带来哪些利益。因此，导购在说服顾客时要懂得淡化价格争议，强调产品的价值，让顾客充分感受到产品的物超所值。如果产品的价位确实很高，顾客没有预算或者确实不想购买，导购还可以向顾客推荐其他价格稍低的同类产品。

YES ✓ 实战强化训练 1

导购："先生，请稍等，您是觉得这款产品的价格有点儿高吗？"

顾客："太贵了！只是一个马桶盖而已，就要 3000 多元。"

导购："先生，您先别急。很多顾客一听到这个价格都认为很贵，但大多数顾客最后还是选择购买。您知道为什么吗？"

顾客："哦，为什么？"

导购："这款产品是法国著名设计师××设计的，而且这个款式是限量版，在北京也只有我们这个专柜才卖。您看，这款马桶盖是超智能的，采用了法国纳米技术，用起来既安全又舒适。前些天，著名影星××也刚买了一件呢！"

金牌技巧点拨

顾客认为价格太高，导购先是卖了个关子，引起顾客的兴趣，然后说出产品价格高但仍然受到追捧的原因，即著名设计师设计、限量款、超智能、纳米技术等，又用名人效应增加产品的"顾客缘"，以使顾客心动。

YES ✓ 实战强化训练 2

导购："先生，先别着急走嘛。我觉得这款沙发挺适合您的，您为什么不坐下来体验一下呢？"

顾客："不用了。我可买不起这么贵的沙发。"

导购："那没关系，我们店里还有几款沙发的风格和这件类似，价格也比较低，我带您看看吧！"

金牌技巧点拨

导购在看到顾客因为价格太高而想要离开时，没有放任他离开，也没有坚持向其推荐这款价格高的产品，而是向其推荐价格稍低、风格类似的同类产品。

38 情景演练 **顾客觉得产品颜色太艳丽**

NO ✗ 错误应对示例

1. "颜色艳丽显得多漂亮啊！看着就有精神。"

> **高手指点** 导购只强调了颜色艳丽的好处，并没有解决顾客的问题。

2. "那您再看看别的颜色吧，这款产品有很多种颜色。"

> **高手指点** 导购过于被动，会让顾客认为导购根本没有站在自己的角度考虑问题，从而无法对导购产生信任。

WHY ─ 深度情景解析

顾客在选购家具时倾向于选择与装修风格、已有家具风格相搭配的产品，因此导购在处理顾客提出的这个问题时，要做到以下几点。

（1）了解顾客家里的整体装修风格，然后针对其装修风格有针对性地推荐产品；

（2）解释推荐产品的颜色有何好处，如增强对比反差、集中注意力、视觉过渡等；

（3）如果顾客不满意，主动提出帮助他们更换其他颜色，让他们安心；

（4）用自信的语言增强顾客购买这款产品的信心，让他们坚信这款产品适合他们。

YES ✓ 实战强化训练 1

顾客： "我觉得地板的颜色太浅了。"

导购： "先生，请问您想为自己的卧室准备什么颜色的家居？"

顾客： "我喜欢深色家居，所以地板也想用颜色较深的。"

导购： "我明白您的想法了。其实地板和家居的色彩搭配很重要，再加上地板安装好以后很难更换，所以一定要选对颜色。从色彩搭配上来看，浅色的家居与任意深浅的地板颜色都比较搭配，而深色的家居一般要与浅颜色的地板相搭配。"

顾客： "为什么？颜色相同才协调吧？"

导购："是这样的，深色家居搭配深色地板会让人觉得很沉闷，使人感觉压抑，时间长了会让人非常不舒服，深颜色和浅颜色相互搭配，会使视觉有一个渐进的过渡，所以更舒服。"

金牌技巧点拨

导购先是了解了顾客想要的家居颜色，然后向顾客介绍了色彩搭配常识，紧接着提出了浅颜色地板与深颜色家居搭配的好处，即视觉过渡，与家居更协调，感觉更舒服。

YES ✓ 实战强化训练2

顾客："虽然颜色挺好，但和我家的家居风格不相搭配。"

导购："这样吧，美女，既然您觉得这款沙发的颜色很好，我们可以帮您运回家，让您先试一试，看放在您家客厅里是否合适。在卖场里，受到灯光和环境的影响，您可能看不出效果，但在您家里实际效果就出来了。如果您仍然觉得不行，我们再帮您更换其他颜色的。您看怎么样？"

金牌技巧点拨

导购主动提出如果顾客不满意再帮她更换其他颜色，这样可以锁定顾客，使其在自己的产品中选择。而且采用这种方法，顾客只要不觉得产品实在不行，一般不要求退货。

39 情景演练 顾客说产品太沉重，不便于挪动

NO ✗ 错误应对示例

1. "这款产品是有点重，但质量好啊！"

高手指点 导购单纯说产品质量好，并没有细致解释为什么沉重，显得有些答非所问。

2. 顾客："这款产品太重了，平时想要挪动一下也太费劲了。"
   导购："那就是您以后的事儿了。"

高手指点 导购的这种回应方式对顾客十分不尊重，完全不理会顾客的顾虑，这只会"赶走"顾客。

WHY 深度情景解析

产品过于沉重的确会导致不方便搬运和安装等问题，顾客的担忧不无道理。不同的产品具有不同的特性，和板式家具相比，实木家具的确沉重得多，这是由其自然属性所决定的。

因此，在处理这类顾客异议时，导购应该为顾客分析不同产品所具有的不同特点，强调顾客选购时最重要的依据是对产品的需求。比如，如果顾客喜欢稳重结实、自然环保的家具风格，就不适合选择现代简约风格的产品。

具体来看，导购可以按照以下方法处理顾客异议。

（1）如果是实木家具，导购首先要承认实木家具的确存在这种特点，但相比板式家具，实木家具还有更多的优点，瑕不掩瑜，而且这种笨重感正是实木家具风格的精髓，如果太轻便就显得不伦不类。

（2）如果是板式家具，顾客觉得太重，导购可以介绍板式家具可拆卸和组合，十分便于搬运和转移。

YES ✓ 实战强化训练 1

导购："先生，我理解您的担忧。不过'鱼与熊掌不可兼得'，既然您喜欢实木家具所具有的自然环保、结实耐用的优点，也就不得不接受它所固有的沉重的缺点。实木家具的这种沉重不仅是重量，也是一种厚重感，我倒觉得特别适合您这种成熟稳重、生活阅历丰富的成功人士。"

金牌技巧点拨

导购强调实木家具过于沉重的缺点是由其木材属性所致，不是质量问题，而且其厚重感更符合顾客的身份和阅历，符合其精神需求。

YES ✓ 实战强化训练 2

导购："先生，我能理解您的顾虑，这款产品确实很重。但您放心，这是板式衣柜，板式家具本来就以轻便和易搬运而著称，而且我们的产品是现在流行的 SOHO 风格，最大的特点就是可以随意组合。虽然衣柜很重，但如果您想改变衣柜的摆放位置，只需把组合起来的木板拆卸下来，再到选好的位置重新组合就好了。"

金牌技巧点拨

导购首先解释了板式家具的特点，然后建议顾客想要挪动家具的位置时，只需要拆卸重组就可以了，这就解决了顾客提出的家具沉重、不易挪动的问题。

40 情景演练　顾客说网上对产品质量的评价不好

NO ✗ 错误应对示例

1. "网上的评价可信度不高。"

高手指点 导购的这种回答属于极力否认，越是这种态度，顾客就越会认为产品质量确实有待商榷。

2. "在我们这里购买的顾客使用产品好几年了，现在用得还非常好。"

高手指点 这种回答属于自卖自夸，无凭无据，难以让顾客信服。

WHY ⌐ 深度情景解析

一件产品质量再好，也不可能让所有人满意，所以前来购买产品的顾客很有可能从某个渠道了解到对产品不利的评价。当顾客提出这类问题时，如果导购激烈地反对，就会让顾客更加质疑产品，更加信任那些消极的评价。因此，导购要镇定、客观地回答顾客提出的问题，不要让消极的评价影响自己的态度。

在处理类似问题时，导购可运用其他顾客的见证来增强现在购买产品的顾客的信心，使其认识到：尽管我们的产品有一些负面评价，但更多的还是顾客的肯定和认可。这样就会有效增强顾客的购买信心，从而使其放心购买产品。

热情的顾客可以成为产品的最好推销员和见证者，导购可以使用以下四种方法让顾客变成最好的推销员。

（1）与顾客建立坚实的信任基础，让顾客知道你的业务是建立在成功满足顾客需求基础之上的；

（2）将反馈可视化，把对产品满意的顾客照片或视频整理出来，在向新顾客介绍产品时进行展示，以赢得新顾客的信任；

（3）在与顾客交谈、解释顾客的各种问题时，可以将解决这些问题的过程制成音频或视频，当再遇到有类似需求的顾客时，将这些音视频资料播放给他们听；

（4）展示个案经验，在每次销售完成后，都要征询顾客是否满意，并让他们简短地写一下个人感受，然后把它带在身边。这样当你遇到无法回答的情况时，这些个案经验可能就会有所帮助。

YES ✔ 实战强化训练 1

导购："先生，我理解您的这种心情。人们看到网上的评价不好，大多会对产品有些质疑，谁不想买到称心如意的产品呢？我们的产品没有让所有顾客都满意，这一点确实是我们做得还不够好。不过，大多数顾客是喜欢我们的产品的。上周著名歌星×××还在我们这里挑选了全套家具，她是听了其他顾客的推荐才来我们这里购买的。您看，这张收货单上还有她的签名呢！"

金牌技巧点拨

导购首先承认网上有不利评价是由于自身做得还不到位，然后利用权威顾客见证产品品质的可靠性，消除顾客在网上看到不利评价的负面影响。

YES ✔ 实战强化训练 2

导购："先生，听您这么说我很难过，我一直以为我们的产品受到广大顾客的喜爱，没想到并没有让所有顾客都满意。十分抱歉，我们的工作还没有做到位，以后我们一定会加倍努力，提升产品的质量和服务，争取让更多的顾客满意。实际上我们的产品口碑还是很不错的，公司做过统计，50%的新顾客是听了老顾客的推荐才来的。您看，老顾客还给我们留言了，这是留言记录本；他们还发来了家里的照片，这上面的壁纸就是我们这儿的……"

金牌技巧点拨

导购利用顾客的书面见证来说服顾客，证明虽然是有人说我们产品不好，但更多的人认可我们的产品。这就增加了顾客的购买信心。

41 情景演练 顾客觉得产品是个花架子，不实用

NO ✕ 错误应对示例

1. "我们的产品不仅样式好，而且还很实用。"

| 高手指点 | 导购的回答等于没说，空洞、苍白，没有任何说服力。 |

2. "我们的产品就是这样设计的。"

| 高手指点 | 导购没有指出如此设计的优势，没有解决顾客的疑虑，没有说服力。 |

WHY — 深度情景解析

对产品设计的看法是一个见仁见智的问题。对于同一款产品，有的顾客非常喜爱，但有的顾客就十分不喜欢。顾客之所以根据产品设计判断其不实用，很大程度上是因为产品设计不合他们的心意，使其不满。

导购在解决顾客的这个异议时，首先要了解顾客产生这种想法的具体原因，然后针对这个原因进行说服。导购要告诉顾客这种产品设计的合理性，重点突出产品设计的某个合理之处，强调该产品给其带来的好处和利益，让他们对产品的设计予以认可并接受。

YES ✓ 实战强化训练 1

　　导购："先生，我理解您的担忧，确实也有一些顾客认为我们这款茶几不实用，只是外观好看而已。您有这种看法，是不是因为感觉这款茶几的玻璃材料不太结实？"

　　顾客："没错，这能在上面放热的东西吗？不会把它烫坏了吧？"

　　导购："先生，这一点您不用担心，这款茶几的玻璃材料属于超钢化玻璃，稳定性和耐热性很好，不怕划、不怕烫、不怕碎。您看，我用坚硬的物品碰撞它，它也没有损伤。（利用道具简单碰撞茶几面板）怎么样？这款茶几结实吧？再热的水放在上面也没事，您说是吧？"

> **金牌技巧点拨**
>
> 　　导购向顾客介绍了产品材质的稳定性和耐热性，然后通过试验，用实例让顾客信服，打消了顾客心中的疑虑。

YES ✓ 实战强化训练 2

　　导购："美女，能不能请教您一下，您为什么会有这方面的担忧呢？"

　　顾客："这种电视柜其他各方面都挺好，就是没有安装玻璃门，在里边放点儿东西，很容易被碰到。"

　　导购："这款电视柜是特意这样设计的，在柜子里放装饰品，不安装玻璃会显得更加透亮。"

　　顾客："但没有玻璃保护，里边要是放一些酒瓶什么的，很容易碰碎了。"

　　导购："这一点请您放心，您看，电视柜的装饰空间设计得又大又深，一般来说，放进去的东西不容易被碰到，而且没有玻璃门也方便您拿取东西啊！"

> **金牌技巧点拨**
>
> 　　导购首先了解顾客质疑的原因，并针对顾客的质疑对产品的设计进行了说明，从而打消顾客的疑虑，并突出这种设计的好处。

YES ✓ 实战强化训练 3

　　导购："先生，请问这款洗手盆哪方面让您不满意？"

　　顾客："洗手盆就是用来洗漱的，为什么还带储藏柜啊，卫生间很潮湿，这种木质的东西很容易受潮！"

导购："原来您是对这个设计不满意啊，很抱歉没给您介绍清楚。我们这款洗手盆的储藏柜使用的是橡木材料，这种木材本来就生长在潮湿的南方，所以不怕潮湿，而且我们还进行了防水处理，在表面添加烤漆涂层，它就更不会受潮变形了。其实洗手盆下边放一个储藏柜还挺实用的，您可以把日常使用的清洁用品放在柜子里，不仅让卫生间更整洁，打理起来也更方便。"

金牌技巧点拨

导购首先了解顾客质疑的原因，然后解释产品的材质不会受潮，再突出产品设计的合理之处——便于整理，非常实用，从而解决了顾客对这种设计存在的疑虑。

42 情景演练 顾客觉得产品材质不错，但不方便打理

NO ✕ 错误应对示例

1. "您买家具图的是品质耐用，打理起来是有点麻烦，但习惯了就好了。"

高手指点	导购的回答没有从根本上解决顾客提出的问题，应向顾客提出打理家具的合理建议。

2. "您平时注意一些，别把油污滴在上面就行了。"

高手指点	没有回答顾客提出的问题，反而强调了产品的缺点，且回答的态度有些敷衍。

WHY 深度情景解析

时尚、美观的家居会让整个房子焕发光彩，但要想让家居一直光鲜亮丽，日常打理就显得非常重要。不过，由于生活节奏的加快，人们通常喜欢简单地生活，在整理家务上越来越不愿意花费大量时间，因此，家居是否易于打理也是人们购买家居时特别关注的一个方面，人们希望使用那些无须花费多少精力打理就能保持光泽整洁的家居产品。

　　导购在解决顾客的这一异议时，可以告诉顾客产品使用了××技术，可以有效解决材质难以打理的问题，让他们不再有后顾之忧；也可以为其提供专用的清洁工具，可以很轻松地使家居保持光洁如新。另外，导购还可以向顾客介绍一些简单易用的打理方法。

　　下面介绍一些常见的家居保养方法。

　　（1）皮沙发、皮质软床：用干抹布蘸少许的蛋清或纯牛奶反复擦拭污渍，这样可以让皮沙发或皮软床光亮如初；还可以使用香蕉皮或橘子皮来擦拭沙发的表面，然后用干净的抹布擦净即可。

　　（2）金属家具：用软布蘸少许牙膏擦拭，牙膏中的研磨剂可以去除掉污渍。

　　（3）木制家具：只要不是顽固性污渍，可以把抹布放在牛奶中浸泡几分钟，然后用抹布擦拭，擦完之后再用清水擦一遍；如果木制家具表面刷漆，建议使用湿纱布包裹茶叶渣去擦拭，或者用冷茶水擦洗，漆面会更加光洁、明亮。

　　（4）毛绒布艺沙发：一旦沙发上留下顽固污渍，可以用软毛刷蘸少许酒精擦拭一遍，再用吹风机吹干即可。如果是果汁之类的污渍，建议用1茶匙苏打粉添加清水调匀，然后用布擦拭干净即可。

　　（5）原木家具：把水质蜡液喷到原木家具表面，再用干抹布擦干，家具便会光亮如新；如果原木家具的表面有刮痕，建议涂上一些鱼肝油，第二天后用湿布擦拭。

　　（6）玻璃家具：如果在吃饭喝汤时使玻璃表面沾上油污，可将白萝卜切片擦拭桌面，有很好的清洁效果。

YES ✓ 实战强化训练 1

　　顾客："这款产品档次挺高，就是不易打理。"

　　导购："先生，的确如您所说，我们这款橱柜是目前档次较高的产品，橱柜面板使用了烤漆技术，有很好的视觉效果，既美观又时尚。另外，烤漆技术还有防水、抗污的作用，有了污渍，只要用清水或去污剂一擦就干净了，怎么会不易打理呢？

　　顾客："我听说烤漆很娇气，怕划、怕磕。"

导购：“嗯，确实如此，烤漆技术的确有您说的这个缺陷。不过，我们这款橱柜面板经过了六次喷烤进口漆，用高温烤制而成，整个过程经过了'三底、二面、一光'的严格程序，相对来说不太容易划伤。”

金牌技巧点拨

导购首先强调了产品的优点，并针对顾客提出的怕磕、怕划的问题，介绍产品采用的特殊技术与工艺，有效解决了顾客的疑虑。

YES ✔ 实战强化训练 2

导购：“先生，我理解您的顾虑，厨房油渍比较多，的确容易藏污纳垢，您肯定想选择容易打理的瓷砖。”

顾客：“是啊，我听人说仿古砖很难打理，玻化砖就相对来说比较容易打理。”

导购：“先生，我负责任地给您说，事实正好相反，与仿古砖相比，玻化砖更不容易打理。您这是第一次装修，以前应该也没用过玻化砖吧？（顾客点头）实际上玻化砖的渗透性非常强，如果您平时做饭时不小心把油污滴在上面而没有及时处理，等它渗到砖内层就再也擦不干净了。”

顾客：“啊？真的吗？”

导购：“是的，我们来现场做一个试验。这是一块玻化砖，我们在上面滴一滴食用油，（滴上食用油，几分钟后）您看，食用油完全渗到砖里了，我们现在就是用清洁剂也擦不干净了。您可以试试看。”

顾客：“真的擦不掉了。”

导购：“在这方面仿古砖就好得多。仿古砖的纹理感比较重，如果表面凹凸感太强，就很容易堆积污垢，不过我们可以选择表面较为平整的仿古砖，这样就可以很好地避免这个问题了。最关键的是仿古砖的渗透性不强，即使不小心在上面滴上油渍，不管积攒多久，只要用一点儿清洁剂就可以轻松擦掉。这是一块仿古砖，您可以试试看。”

金牌技巧点拨

导购首先表示理解顾客的顾虑，然后对两种材质的产品进行了对比，从理论上纠正顾客错误的观点，然后通过试验来证明，让顾客眼见为实。

43 情景演练 顾客说产品坐上去很硬，不舒服

NO ✗ 错误应对示例

1. "当初设计师就是这样设计的。"

| 高手指点 | 这种回答没有解决顾客的问题。设计的最终目的是为了满足顾客的需求，如果产品的设计和顾客的需求不相符，再好的设计也留不住顾客。 |

2. "习惯了就好了。"

| 高手指点 | 导购的回答显得很敷衍，根本没有解决顾客的疑问。 |

WHY 深度情景解析

对于床、沙发、桌椅等家具来说，顾客最大的需求是舒适性，而这也是这类家具的最大卖点。现代人非常注重生活质量，由于生活节奏很快，在外工作忙碌了一天，回到家中最大的享受就是坐在松软舒适的沙发上休息；躺在舒服的床上，盖着松软的被子进入梦乡。

不过，家具的使用要依具体情况而定，顾客所认为的"越软越好"并不符合科学道理。导购要根据顾客的年龄段和实际身体状况来为其选择软硬程度最适合顾客的家具。

导购要告诉顾客，产品是否舒适并不完全取决于其软硬度，还涉及产品结构、弹簧、高度、弧度，以及是否符合人体结构力学等因素。导购可以向顾客介绍产品结构的科学性，如符合人体结构力学，这种设计是最有利于人体健康的。

导购还可以采用让顾客"又痛苦又快乐"的说服技巧，先向顾客说明产品结构不合理带来的痛苦，如"如果床垫太软，睡一晚上，第二天可能会腰酸背痛"；然后加大顾客的快乐，如"您想象一下，这款床的床垫能够完美地

贴合您的身体曲线，这样是不是非常舒服？"。

YES ✓ 实战强化训练 1

导购："先生，我们每天大约有三分之一的时间在床上度过，所以床的舒适度的确是大家都非常关心的问题，一张好床确实可以提高我们的生活品质，让我们的生活状态变得更好。先生，您知道什么样的床才是真正健康、舒适的吗？"

顾客："当然越软越好了！"

导购："很多顾客和您有一样的看法。不过，科学研究证明，床垫的硬度过高或过低都不利于人体健康，最好的床垫应该是高弹性的。"

顾客："高弹性？"

导购："所谓高弹性，简单来说就是床垫受到的力度越大，它的支持力就越大。由于我们的身体脊椎呈'S'形，躺下时要有适当硬度的支撑物，一般的床垫不具备这种弹性，人的腰部和背部无法均匀受力，时间一长，对人体健康就十分不利。而这款高弹性床垫能够让您的颈部、背部、腰部都均匀受力，保证让您舒舒服服地睡好觉。"

顾客："我该怎么选择这种高弹性床垫呢？"

导购："为了帮助顾客找到最适合自己的床垫，我们特意制作了一份身高、体重与床垫软硬度的对照表，您可以依照这个表选择，请您看一下。"

顾客："我身高180厘米，差不多90千克，哪一种床垫最适合我？"

导购："（帮助顾客寻找对应的数据）这个软硬度正好适合您，来，您可以躺下感受一下。"

金牌技巧点拨

导购首先提出问题来引起顾客的注意，然后用这种床垫属于最科学的设计来解答顾客的问题，同时向顾客普及选择床垫软硬度的依据，为顾客选择最适合他的床垫。

YES ✓ 实战强化训练 2

导购："您在给孩子购买学习桌椅时，建议考虑桌椅高度和椅背弧度是否科学。科学研究证明，高矮不合适的桌椅会让小孩形成不良坐姿，时间一长会阻碍骨骼生长，对孩子的成长发育造成不良影响。"

顾客："不会吧？你说得有些夸张了。"

导购："先生，我这并不是在危言耸听。您看这篇报道，专家都说了，如果小孩子长时间使用不合适的桌椅，很容易养成不良的坐姿习惯，会对他的一生造成不良影响。（将网上的报道交给顾客看一下）所以说，为了保护孩子的健康，在为他选购桌椅时最好选择专门的学习桌椅。我们的学习桌椅有三个特点：第一，桌面稍微向下倾斜，这样可以避免孩子趴着看书，预防近视和驼背；第二，桌面边缘部分有一个直径略大于孩子腰宽的缺口，孩子在学习时可以把身体陷进桌内，以保证在学习过程中保持挺胸抬头的正确坐姿，减轻他们腰部的压力；第三，桌面高度是可以自由调节的，小孩子正处在长身体的时候，身高长得很快，自由调节桌面高度以后，桌椅就能始终和他的身高保持一致。为了让孩子坐着更舒服，我们还赠送一个软垫。"

金牌技巧点拨

导购提出问题，放大不合适桌椅对顾客造成的痛苦，然后用权威报道增加他们对不合适桌椅的恐惧感，成功吸引顾客的注意力，最后强调自己的产品解决顾客痛苦的办法，来吸引顾客购买产品。

44 情景演练 顾客说产品样式不错，但感觉不够结实

NO ✕ 错误应对示例

1. "我们的产品绝对不会出现质量问题，我们是大品牌，全国有多家专卖店……"

> **高手指点**　导购的回答过于自信，会让顾客感到导购吹嘘、缺乏客观性。

2. "结不结实就要看您怎么用了。"

> **高手指点**　导购的回答是在推卸责任，这就等于说"如果不结实，也是顾客使用造成的"，没有从根本上消除顾客的疑虑。

"嫌货才是买卖人"，顾客担心产品的质量可能会出现问题，这是一种很正常的心理，说明顾客虽然对产品感兴趣，但导购还没有完全消除顾客的疑虑。导购在处理这类问题时一定要客观，千万不要不加思考地做出绝对肯定或否定的回答，而要有理有据地解释。

在解答顾客关于产品质量、耐用性等问题时，导购可以按照以下三个步骤来做。

（1）客观回答顾客的问题，如"该款产品是否耐用和……有关"。

（2）向顾客介绍产品使用的技术，而这种技术可以有效避免顾客所提出的问题。

（3）给予顾客信心，即使出现顾客所担忧的情况，公司也会采取合理的措施来确保顾客正常使用产品。

YES✓ 实战强化训练 1

导购："先生，我很理解您的顾虑，我们每一天都在使用家居，家居的质量的确关系到我们的生活质量，如果不结实，用了没多久就出现问题，就非常闹心了。不过我们这款沙发使用的是上乘的材料，绝对可以保证质量，您在这方面不用担心。"

顾客："怎么保证？"

导购：（让顾客观察沙发的框架、弹簧、海绵等材料）"先生，您看，我们这款沙发的框架材质是低碳钢管，露在外面的框架使用静电喷塑涂层进行装饰，就连内置部分也进行了表面防锈喷漆处理，所以生锈腐蚀的可能性很小。低碳钢管承载能力强，这早已经过破坏性受力测试证明，就算是成年人在上面用力踩踏也没问题。您可以试一试。"

顾客：（试过之后）"确实挺结实的。"

导购："我们使用了蛇形弹簧来支撑沙发，弹簧的材质是 70 号碳素弹簧钢丝。沙发底座使用了直径大于 3 毫米的钢丝，这种钢丝也非常坚固。而且我们用橡胶绷带对沙发底座或框架结构跨度较大的地方进行了固定。"

顾客："哦。"

导购："我们使用的高弹海绵经常用在中高档沙发上，这种海绵的特点是密度高，回弹力好，回弹强度高，承压力强，不易变形。使用这种海绵的沙发，使用寿命一般不低于八年。来，您来摸一摸，感受感受。"（让顾客坐在沙发上感受回弹力）

顾客："回弹力是挺好的。"

导购："为了让沙发更耐用，我们用棉织品来做沙发的表面材料，棉织品十分柔软，手感好，也很耐磨，您摸一下试试。（让顾客摸面料，感受触感）同时，

为了防止灰尘或其他腐蚀性物质渗入，我们还使用 PU 铺底。总之，我们的沙发不管是从用料还是工艺上来说，耐用性都很高，而且外观设计足够漂亮。我敢向您保证，用十年八年是绝对没有问题的。"

金牌技巧点拨

导购引导顾客观察、感受沙发的各个部件的材质并进行具体的介绍，用事实来获得顾客对产品质量的认同，从而消除顾客的担心。

YES ✓ 实战强化训练 2

导购："先生，我理解您的担忧，书柜内放置的书很多，重量很大，如果书柜隔板不够结实，时间一长，就很容易变形弯曲。不过，您购买了我们的产品就不用为此担心了，我们这款书柜进行了结构创新，不同于以往的矩形结构设计，而是设计成了特殊的四边形和三角形结构。众所周知，三角形结构的稳定性是最好的，同时让书柜的外观设计更具有视觉变化效果。书柜中的横隔板采用了加厚板材，厚度超过 25 毫米，这可以保证隔板的承托力，避免因长时间的压迫而变形。而且您放心，即使书柜隔板真出现了变形，只要您打电话来，我们会派专门的维修人员帮助您修理或更换。"

金牌技巧点拨

导购先向顾客介绍了产品的结构创新，证明产品的质量可靠，然后通过承诺来打消顾客的顾虑，给顾客一些质量出问题后能及时得到解决的承诺，更容易获得顾客的认可。

45 情景演练 顾客说这种风格已经过时了

NO ✗ 错误应对示例

1. "现在很流行这种风格的。"

高手指点 导购这样回答是在挖苦顾客，等于在说顾客没有鉴赏能力。

2. "不过，现在还有一些人在用这种风格的家居。"

高手指点	这等于间接承认顾客的说法，默认自己产品的风格确实已经过时。

WHY 深度情景解析

家居产品风格是一个"仁者见仁，见仁见智"的主观性问题，每个人都有自己喜欢的风格，有人喜欢当下较流行、前卫的风格，有人喜欢怀旧、保守的风格，任何一种风格都难以获得所有人的满意。因此，对于顾客提出"风格过时"的异议，导购不必惊讶，首先要了解顾客产生异议的具体原因，让他们将关于产品风格的各种抱怨都倾诉出来，然后针对他们的质疑进行解释说明。如果顾客确实不喜欢这种风格，可以向其推荐其他风格的同类产品。

在向顾客解释说明时，导购可以按照以下几个方面来做。

（1）产品的风格受到卖场的环境影响，如光线、空间和布局等，让顾客浏览样板间的照片来了解产品。

（2）产品风格其实是循环往复的，尽管产品与之前的款式风格较为类似，但由于采用了全新搭配，使用不一样的色彩和设计，使这款产品又焕发了生机。

（3）询问顾客的装修风格，向其说明这款产品的风格与其装修风格相符，搭配起来十分和谐。

导购在了解顾客对家具风格的偏好以后，要有针对性地向其推荐适合的家具产品。一名合格的家居导购人员应该掌握8大类家居风格，具体见下表。

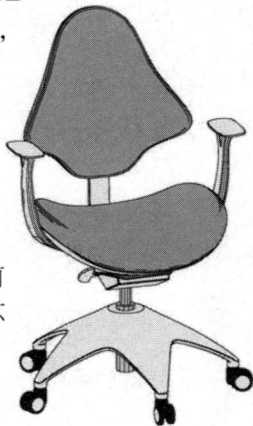

家居类型	解释说明
中式家居	多选择珍贵木材，通过镶嵌、贴附装饰来完成，多用于中式风格的装修中
美式家居	主张质朴且尊贵、舒适且自在的风格，适合现代人自由和随意的生活方式，不采用过多装饰
法式家居	多以黄色、米色和白色为主色调，注重手工雕刻和复古风格，具有浓烈的宫廷色彩和艺术气息
韩式田园家居	外形设计精致且实用，以花卉图案和象牙白色为主，给人一种悠闲、舒畅的感觉

续表

家居类型	解释说明
英式家居	外形上大部分比较质朴，注重生活实用性，既美观，又让人有沉稳、优雅的感觉
欧式家居	轮廓和转折是由曲线、曲面构成，加上镀金装饰，象征着高贵，给人一种华贵、优雅的感觉
新古典家居	在古典家居的基础上进行了改良，简化了线条，摒弃了繁杂的装饰
地中海风格家居	色彩上更丰富，独具特色，有着自由而大胆的色彩样式

YES ✓ **实战强化训练 1**

导购： "先生，感谢您对我们产品的评价，请问您为什么有这种看法呢？"

顾客： "我感觉这种颜色很俗气，现在人们几乎不怎么用这种颜色了吧？"

导购： "先生，是这样的，这可能是因为卖场里的光线比较暗，所以产生了比较大的色差，让这款产品的特点没有办法完全展示出来。刚才您说家里的装修风格是××，以黑白灰为主色调，我觉得这款衣柜就特别适合您，因为这种颜色与黑白灰色非常搭配。我们这里有几个样板间图片，其中就有这款衣柜搭配黑白灰色风格的，效果很好，您可以看看。"

金牌技巧点拨

导购首先了解顾客对产品风格不满意的原因，然后用卖场光线无法表现产品特点来解释顾客提出的问题，并请顾客看样板间的照片来了解产品的真实特点，从而消除顾客对产品颜色的不满。

YES ✓ **实战强化训练 2**

导购： "先生，我们这款餐桌的销量一直挺高的，深受众多顾客的喜爱，请问您为什么觉得它过时呢？"

顾客： "现在用玻璃餐桌的人少了，我感觉过时了。"

导购： "我明白您的意思了。我记得您说过，您家里的装修风格是现代简约风格吧？"

顾客： "对。"

导购："我为您推荐这款玻璃餐桌就是为了契合您家的装修风格。您看，这款餐桌的桌面是全透明的钢化玻璃桌面，桌腿和椅子腿都是金属支腿，这种金属色的使用更能展现现代简约风格的时尚特征，把这张餐桌放在您家的客厅里，会使整体风格更协调。"

金牌技巧点拨

导购在询问出顾客觉得产品过时的原因后，通过提及顾客的家装风格特点，介绍自己产品的风格和顾客的装修风格相符，搭配十分和谐，力争让顾客对自己产品的风格产生认可。

46 情景演练 顾客觉得产品代言人不太好

NO ✗ 错误应对示例

1. "这个代言人哪里不好了？"

高手指点 导购这样回答是在顶撞顾客，会让顾客很没面子。

2. "您觉得哪个代言人更适合代言我们品牌呢？"

高手指点 顾客是来购买产品的，如果在代言人话题上花费时间过多，很有可能会节外生枝，中断销售进程。

WHY 深度情景解析

如今很多企业利用明星的光环效应，把明星聘为产品的形象代言人，以使品牌形象更生动，更易于被顾客接受。

顾客对品牌代言人不满，尽管不是导购可以解决的问题，但也不能忽视小细节，否则很有可能中断销售进程。实际上顾客提出这种异议并非真的想要获得解决，而且这些异议和眼前的销售并没有太大关系，导购完全可以采用"冷处理法"或"忽略法"来处理，即当顾客提出这类异议时，导购只要让顾客满足了表达欲望即可，然后迅速岔开话题。千万不要和顾客讨论或争辩代言人的问题，而要把顾客的关注焦点转移到产品本身。

YES ✓ 实战强化训练

顾客："昨晚我又在电视上看到你们的广告了，那个代言人明显和你们的品牌定位不太相符啊！"

导购：（微笑）"美女，您说得没错。您看这套整体浴室，它的环保性和清洁性很强，卫浴产品质量好，表面没有任何缝隙，可以减少细菌滋生；由于表面非常光洁，清理起来也很方便。另外，整体浴室的选材经过严格把关，使用寿命比普通的浴室产品高出很多……"

金牌技巧点拨

导购在听到顾客对品牌代言人的异议后，并没有与顾客争辩，而是微笑着认可顾客的话，并迅速转移话题，把顾客的关注点转移到产品优势上来。这样一来，既满足了顾客的表达欲望，也没有被顾客带偏话题，两全其美。

47 情景演练 顾客的说法是错误的

NO ✗ 错误应对示例

1. 顾客："你们的产品是贴牌生产的吧？"
   导购："怎么可能？我们的产品确实是国际名牌产品！"

高手指点 导购这样回答是在质疑顾客见识太少，且有顶撞顾客的感觉，会让顾客十分生气。

2. "您的想法是错误的。"

高手指点 一般来说，直接反驳顾客是不可取的，如果一定要反驳，一定要态度柔和，且有理有据。

WHY ― 深度情景解析

顾客提出的异议并非全部是正确的，如果顾客提出错误的意见或看法，导购要根据不同情况，采用不同的方法进行处理。

1. 间接否认法

所谓间接否认法，是指在顾客提出异议以后导购先给予肯定，然后说出自己的观点，以避免和顾客产生正面冲突。

一般来说，自己的意见被他人反驳，心里多少会有些不痛快，甚至会被激怒。这样一来，即使一方说得再对，也没有任何恶意，还是会引起对方的反感。因此，导购要善于运用间接否认法与顾客沟通，这样可以缓和顾客的对立情绪。

间接否认法的常用句式为"是的……如果……"，其实这个句式源于"是的……但是……"，只不过"但是"在转折时感情色彩过于强烈，很容易让顾客感觉你是在强调"但是"后面的内容。因此，导购在表达不同意见时，最好使用"是的……如果……"句式，用"是的"表示肯定顾客的意见，而用"如果"表达是否另一种状况比较好，说出自己的不同观点。

2. 直接反驳法

所谓直接反驳法，是指当顾客提出异议时，导购直接予以否定和纠正。如果运用得好，导购可以通过这种方法给顾客一个简单明了、不容置疑的回答，增强顾客的购买信心。

一般来说，不建议直接反驳顾客的异议，因为这会给顾客增加心理压力，容易引起争辩，甚至激怒顾客，从而导致销售失败。如果导购因为直接反驳伤害了顾客的自尊心，即使产品再好，顾客也会拒绝购买。

因此，直接反驳法只适用于顾客提出的异议明显不正确的情况下，如顾客对企业服务、诚信有所怀疑，或者顾客引用的资料不正确，这时导购不能坐视不理，一定要直接反驳，以纠正顾客的错误观点。因为企业服务和诚信是企业的立身之本，如果顾客对此怀疑，导购还不纠正，拿到订单的机会就几乎为零。而如果导购可以用正确的资料佐证自己的说法，顾客一般也会选择接受反驳，并且可能会更加信任导购。

为了避免激化矛盾，导购在使用直接反驳法时，需要注意以下三点。

（1）不可滥用。直接反驳法不适用于处理与交易无关的异议，以及因为情绪和性格问题引起的异议。比如，对于固执己见的顾客最好不要使用直接反驳法，否则容易激起顾客的反感和抵触心理，他们会觉得自己没有得到尊重，从而产生争执。

（2）态度友好。为了避免使顾客产生不快，导购在反驳顾客时要始终保持友好而诚恳的态度，面带微笑，合理地使用语言技巧，一定不要责备顾客。即使顾客是因为对产品不了解或者故意提出异议，导购也要对事不对人，反驳顾客的看法而不是其人格，以免冒犯顾客，伤害其自尊。

（3）有理有据。导购用来反驳顾客异议的依据必须科学合理，而且要有明确的证据。在反驳顾客异议的过程中，导购首先要明确顾客的异议内容，知道异议的性质与根源，然后由浅入深地摆出事实和证据，用逻辑和事实说服顾客。

YES ✓ 实战强化训练

顾客："你们的产品好多是贴牌生产的，或者随便挂个国际名牌的名头唬人的吧？"

导购：（微笑）"李女士，我非常理解您的想法，因为现在有很多品牌使用这种方法，确实很容易让人产生怀疑。不过，我们的确是中法合资的品牌，无论是设计还是品牌管理理念，都严格执行国际标准。您可以看一下我们公司的认证书。"

金牌技巧点拨

导购在听到顾客的异议时，首先对顾客的想法表示理解，防止沟通气氛变得尴尬，然后通过摆事实和证据来纠正顾客的偏见，使顾客对产品重拾信心。

48 情景演练 顾客说产品味道太重，不环保

NO ✕ 错误应对示例

1. "我们的产品怎么可能不是环保产品呢？这都是经过行业检验的。"

高手指点 导购这样回答是在质疑顾客"胡说八道"，而且顾客的关注重点是产品对健康的影响，单纯说产品是环保产品并不能说服顾客。

2. "别的品牌的产品比我们的味道重多了，我们的还算不错了。"

高手指点 这是随意诋毁竞争对手、拉同行一起下水的做法，会让顾客十分不满。

WHY — 深度情景解析

顾客在购买家居产品时，经常会质疑产品的环保问题。导购要清楚，顾客其实并不在乎产品是符合什么标准的环保产品，他们在乎的是产品是否可以保护他们的身体健康。

因此，导购在回答顾客的问题时，不要只告诉顾客产品达到了国家××环保标准和获得了检测证书，而且要让顾客知道，这些环保技术运用到产品上一定可以让他们安心使用产品，保障他们的身体健康。

在回答顾客关于环保问题的异议时，导购可以按照以下几点向顾客证明产的环保性。

（1）介绍环保的行业分级标准，如 E0、E1、E2 级标准；

（2）介绍具体的环保标准，如国家规定的含有甲醛的数量范围，并说明自己的产品含量是在安全范围之内；

（3）与生活中常见事物（如自来水）的某种物质含量进行对比，让顾客了解产品的安全性。

YES ✓ 实战强化训练 1

导购： "先生，我非常理解您的顾虑，如果换我同样会有这种担忧，毕竟家居产品是我们每天都要接触的，对我们的身体健康有直接影响，确实需要注意。不过请您放心，虽然我们这款产品闻起来味道很重，但绝对是环保产品，而且达到了 E0 级环保标准。"

顾客： "E0 级？"

导购： "是的，先生。所谓 E0 级环保标准，是指板材在 60℃以上的高温环境中仍然没有释放有毒有害气体。室内温度一般在 20℃~30℃，其实只要达到 E1 级环保标准就很安全了，而我们这款产品的环保标准要远远高于 E1 级！您可以看一下我们的环保证书。"

金牌技巧点拨

导购首先利用同理心缓和与顾客的对立关系，然后抛出新概念并解释，让顾客感受到其专业性，最后拿出环保证书来证明产品的环保性，解释产品不会影响顾客身体健康的原因，让顾客信服。

YES ✓ **实战强化训练 2**

导购："先生，家居行业素来有'三分木材，七分油漆'的说法。那些不环保的产品大多采用的是劣质油漆，而我们这款产品的表面涂漆是环保油漆，使用了零 VOC 技术，把有害物质控制在极低的标准内，甲醛含量极低，只有××。要知道我们平时的饮用水甲醛含量是×，您看，我们的产品比饮用水都安全，是不会对您和家人的身体健康造成不良影响的。"

金牌技巧点拨

导购向顾客介绍了产品采用的环保技术，并用顾客经常接触的事物引发其对比联想，使顾客信服该产品的安全性。

YES ✓ **实战强化训练 3**

导购："先生，涂料产品本身就是化学产品，要做到完全没有毒害物质几乎不太可能，不过我们通过技术尽量将其控制在安全范围内。国家规定的安全范围是××，只要毒害物质没有超过这个数字就不会对人体产生危害，而我们这款产品的含量只有××，远低于国家标准，所以您大可放心使用。"

金牌技巧点拨

导购向顾客说明了产品的毒害物质含量远低于国家标准，用切实的数据来说服顾客。

49 情景演练 顾客说沙发看着不经用，用两三年就换不划算

NO ✗ **错误应对示例**

1. "您还没用，怎么知道两三年就得换？"

高手指点 这种说法是在顶撞顾客，会让顾客非常生气，顾客会转身就走，甚至产生争执。

2. "只要您正常使用，这款沙发肯定不会出问题。"

高手指点	导购说的话太绝对，而且并没有说出不出问题的原因，没有说服力。

WHY　深度情景解析

沙发是家庭中的大件耐用品，在日常生活中的使用频率很高。如果沙发使用两三年就要更换，的确非常不划算。因此，顾客在选购沙发时会对其质量十分敏感，会尽量挑选那些舒适美观且经久耐用的产品。

在面对顾客的这种质疑时，导购可以从以下几方面说服顾客：

（1）强调产品结构合理，如沙发框架结构非常牢固；

（2）强调产品的材料，如填充海绵的质量和松软度、家居木材的坚固，以及沙发表面覆盖面料的结实耐用性；

（3）弹簧的弹性和回弹次数；

（4）强调产品的制造工艺非常先进，可以保证产品长久使用。

YES　实战强化训练 1

导购："先生，您是觉得我们的产品质量有问题吗？"

顾客："我觉得这款沙发的框架不经用，使用时间一长就会断裂。"

导购："先生，请您放心，我们这款沙发的框架使用的木材是东北硬杂木，这种木材的特点是无糟朽、无虫蛀、无疤痕，且不带树皮或毛刺，肯定不会产生您所说的那种问题。一般来说，沙发框架是用胶合板制成的，而我们这款沙发的框架使用的是××，会更结实耐用，保证您可以使用10年以上。"

> **金牌技巧点拨**
>
> 导购在了解顾客的异议后，直接用产品的使用材料证明了产品的结实耐用，解答了顾客关于沙发框架不耐用的疑问。

YES　实战强化训练 2

导购："先生，我有点儿不太明白您的意思。您是觉得这款沙发哪里有问题呢？"

顾客："沙发的坐垫太软了，我担心用久了会塌陷下去。"

导购："原来是这样啊，都怪我没有跟您解释清楚。沙发坐垫使用的海绵有三种，分别是高泡、中泡、低泡，高泡往往更柔软有弹性，且回弹更快。我们这款沙发就使用了高泡海绵。另外，为了保持沙发长久耐用，我们还添加了羽绒成分，会长久保持坐垫的弹性，您最少可以使用 10 年。"

金牌技巧点拨

　　导购先向顾客礼貌地请教问题出在哪里，顾客回答以后，导购向顾客介绍了高泡海绵的特性，并强调自己的产品使用的就是高泡海绵，以此来突出产品的耐用性。

YES ✓ 实战强化训练 3

　　导购："美女，不好意思，您能不能说得再具体一些？您是觉得我们这款沙发有什么质量问题吗？"

　　顾客："我觉得这种布艺沙发不经用，时间长了，布料会被磨坏的。"

　　导购："原来您担心的是这个问题。其实布艺沙发比真皮沙发还要耐用，因为真皮沙发很容易受到气候的影响，而布艺沙发不会受此影响，其适应性更强。我们这款沙发的材料是较厚的绒质面料，不易起球，而且我们在布套里添加了棉布内衬，以此来保持沙发套的经久耐用。还有一点，沙发套可以拆换，即使脏了或者坏了，哪怕是您不喜欢了，您都可以更换，这样就像新买的沙发了。您觉得呢？"

金牌技巧点拨

　　导购向顾客详细对比了布艺沙发与真皮沙发，突出了布艺沙发的结实耐用，然后又介绍了保持产品经久耐用的措施，如添加棉布内衬、沙发套可拆换等，进一步增强了顾客对布艺沙发的购买信心。

50 情景演练　顾客听别人说公司的售后服务不好

NO ✗ 错误应对示例

1. "我们的售后服务绝对有保障。"

| 高手
指点 | 空口无凭，很难说服顾客。 |

2. "这是谁这么不负责任，胡乱说话啊？"

| 高手
指点 | 导购这样说显得态度很差，而且有心虚的嫌疑，会让顾客更加怀疑产品的质量问题。 |

WHY 深度情景解析

售后服务是顾客在选购产品时十分关注的一个焦点，因为售后服务的好坏直接影响到顾客的利益。当遇到顾客对售后服务的异议时，导购要特别重视，很多时候顾客会因为不满意售后服务而放弃购买产品。

导购在处理顾客对售后服务的异议时可以列举出具体的实例，使顾客相信售后服务的质量没有问题，公司肯定会为顾客提供优质的售后保障，解除其后顾之忧。

YES √ 实战强化训练 1

导购："先生，前两天有一位顾客来到我们店不到半个小时就购买了我们 3 万元的建材产品。您知道他为什么这么快就购买了我们的产品吗？"

顾客："为什么？"

导购："他是我们店的老顾客，曾在 5 年前购买过我们的产品，后来由于房子漏水，地板被泡坏了，他尝试着给我们打电话，询问我们是否可以帮助他。尽管地板损坏不是产品质量的问题，但当时地板还在质保期内，我们马上前往他家，为他重新更换了全套地板，正是因为这件事，他对我们公司非常认可。先生，我们还有很多这样的老顾客，可见他们对我们的产品品质与服务都是很放心的。"

金牌技巧点拨

导购首先通过其他顾客迅速购买产品的例子引起顾客的好奇和关注，接着用具体的实例证明售后服务的质量，给顾客留下深刻的印象。

YES ✓ 实战强化训练 2

导购："先生，上个月有一位顾客打电话告诉我们，说家里的衣柜不小心被蹭掉了一块油漆，让我们去维修。他是在下午 2 点打来的电话，我们的售后服务人员不到 4 点就处理了这个问题；而且在发现他家的卧室门有一些问题以后也进行了修理，这让他非常满意。"

金牌技巧点拨

导购用具体的售后服务案例回答顾客的疑问，并强调了售后服务人员的工作认真和细心，让顾客相信自己也会获得如此周到的售后服务。

YES ✓ 实战强化训练 3

导购："先生，很感谢您提出这样的问题，这说明您对我们的产品很有兴趣。关于您提出的这个问题，其实其他顾客也曾提到过，公司对此非常重视，并重新制定了售后服务制度，我给您简单介绍一下，好吗？（介绍售后服务制度）我这样解释您是否满意？欢迎您多提宝贵意见，这样我们可以更好地改进服务。"

金牌技巧点拨

导购首先感谢顾客的意见，然后向顾客介绍了售后服务制度，并再次鼓励顾客多提意见，这会让顾客觉得公司非常关注顾客的感受，善于接纳顾客意见，自己一定可以获得很好的售后服务。

51 情景演练 顾客觉得冬季不适合装修，等过些时候再说

NO ✗ 错误应对示例

1. "那您就随便看看吧。"（转身离开，不再理会顾客）

高手指点 导购的这种说法和做法会让顾客感觉受到冷落，十分不可取。

2. "那好，您装修的时候可以来找我，这是我的名片。"

高手指点	这是一种十分消极的行为，相当于直接赶顾客离开。

WHY 深度情景解析

季节对装修的影响非常大，很多人会选择在春秋季节装修。冬季气温低，涂料、水泥灰等材料容易冻结，会影响到装修质量；夏季雨水较多，空气湿度较大，木材很容易受潮变形，同样影响装修质量。

在面对顾客的这类异议时，导购要指出，借助于取暖设施和技术设备的改善，季节对装修的影响变得越来越小。在盛夏时节雨水较多时，人们可以利用烘干设备使潮湿的木材变得干燥；把新技术应用到建材产品中，可以使木材的稳定性变得越来越强；在冬季，暖气的使用也减少了季节对装修的不利影响。

导购还可以向顾客介绍夏日雨季装修和冬季装修的有利之处。

1. 夏日雨季装修

（1）夏季属于装修淡季，装修公司的人力和精力会相对充沛一些，对工程质量的管理更加严格；

（2）从夏季到秋季，装修完成以后会存在一个"时效"过程，因为干燥而出现问题的项目会逐渐反映出来，有足够的时间进行弥补；

（3）夏季温度高，能更快地释放有毒有害气体，可以减少通风时间，让人们尽快搬进新房。

2. 冬季装修

（1）冬季干燥，木材含水率低，不会产生什么形变。室内外的温差就能考验木材质量，只要一两个月的时间就能把潜在质量问题反映出来，从而及时补救。

（2）冬季干燥，在木制品施工过程中，黏合剂可以迅速脱水，黏性强，有利于保持木制品结构的稳定。

（3）石膏板与木材一样，都很怕潮湿，所以在干燥的冬季更容易加工，做好装修花纹以后不必担心变形。

（4）冬季刷油漆，油漆会干燥得

很快。由于湿度较小，可以有效避免其对空气中尘土微粒的吸附，刷出来的色泽和品质相对来说会更好。

YES ✓ 实战强化训练 1

导购："先生，您说得很有道理。夏日里雨水较多，空气比较潮湿，木材很容易受潮变形。不过，人们现在装修时大多采用烘干设备，可以让木材一直保持干燥状态。可以这样说，季节因素对装修的影响越来越小了，几乎可以忽略不计了。只要您选择的是技术过硬的装修公司，基本上不用担心这个问题。"

> **金牌技巧点拨**
>
> 导购首先承认顾客的担忧，然后介绍使用烘干设备可以减少季节对装修的影响，并强调装修公司的技术是保证装修质量的重要因素，这样一来可以最大限度上减少顾客在季节方面的顾虑。

YES ✓ 实战强化训练 2

导购："先生，的确如您所说，装修受季节的影响很大，但现在这一影响变得越来越小了。现在的建材厂商采用了新的技术，可以有效避免季节对装修的影响。我们公司采用了最新的××技术，使我们的产品具有了高效防潮、防腐、防变形和防虫蛀特性，哪怕是在多雨的夏季装修，也完全不会出现木材受潮变形的问题。您可以看一下我们的资料。"

> **金牌技巧点拨**
>
> 导购向顾客介绍了公司采用的新技术，并强调新技术改变了季节对装修的影响，最后拿出资料让顾客验证，以此来减少顾客对夏季时装修的担忧。

YES ✓ 实战强化训练 3

导购："先生，您说得很有道理。雨季装修时确实存在很多麻烦，不过很多是因为施工方的不慎导致的，只要在装修时多注意，不仅不会在夏季装修时出问题，反而会有一些意外的收获。"

顾客："意外的收获？"

导购："是的。因为大多数人认为雨季不适合装修，这导致雨季成为装修的淡季，于是公司的人力和精力就相对要充沛一些，而且会对施工质量进行更细致和严格的管理。由于雨季装修容易出问题，很多公司会在施工时采取有效的防范措施。另外，从夏季到秋季，装修完成以后会存在一个'时效'过程，因为干燥而出现问题的项目会逐渐反映出来，这样也有足够的时间弥补。所以说，季节对装修的影响其实并没有大家想象的那样大，我们在任何季节都是可以装修的。"

金牌技巧点拨

导购把雨季装修出现问题归于某些工作人员的不慎，并提出雨季装修的好处，引起顾客的好奇，然后详细介绍雨季装修的有利之处，并在最后总结——季节对装修的影响其实很小，以此来减少顾客的担忧。

52 情景演练 你们的产品和 X 品牌很相似，谁仿谁啊

NO X 错误应对示例

1. "我不太了解那个品牌，不是很清楚。"

高手指点 导购这样说只会显示出自己的不专业，不仅对自身品牌认识不足，连竞争对手也不了解，很难获得顾客信任。

2. "这很难说，不过我们品牌肯定不会抄袭其他品牌的。"

高手指点 这相当于在说竞争对手仿照我们，这是一种贬低竞争对手的做法，只能破坏品牌在顾客眼中的形象。

WHY 深度情景解析

由于家居产品在设计上存在局限性，很多产品再怎么有创意大家看上去的第一印象是差不多的。因此，遇到被顾客质疑是否模仿其他品牌的情况，也是很正常的。

在面对这种情况时，导购千万不要与顾客争辩。顾客提出这类问题一般只是随口一说，导购没有必要刻意解释，只需轻轻带过，象征性地回答一句"品牌各有千秋"，然后向顾客介绍自己的品牌就行了。

顾客已经进店，导购要做的是询问顾客的具体需求，将自家产品的特点、优点介绍给顾客。与顾客较真和争辩，不但对销售毫无帮助，还会在顾客心

里留下不好的印象，损害品牌的形象。

YES ✓ 实战强化训练

导购："先生，您真是好眼光，我们这两个品牌都是业内的知名品牌，各有特色。您想要哪个，就要看哪一个符合您家的装修风格，您是不是喜欢它的款式。我们品牌……（具体介绍产品的特点和优点）您刚才说您的家居风格更偏重于稳重和大气，我觉得这一款产品应该很适合您。我带您先去体验一下吧，这边走，我带您去展示区看一下。"

金牌技巧点拨

顾客在质疑品牌模仿其他品牌时导购并没有争辩，而是先赞美顾客与竞争对手的品牌，并指出选择产品的关键在于是否适合自己，接下来，导购详细介绍了自己的产品所具有的特点和优点，并强调其适合顾客，最后用现场体验加深顾客的印象。

第 5 章

Chapter 05

消除顾客价格异议情景
口才训练与实战技巧

销售口才

　　导购在处理顾客提出的价格异议时，除了向顾客充分塑造和展示产品的核心价值外，还要根据顾客对价格要求的松紧程度、对价格的态度，在保障门店利益的前提下灵活调整价格，让顾客觉得物有所值，甚至物超所值。

53 情景演练 顾客问："产品太贵了，可不可以便宜些"

NO ✗ 错误应对示例

1．"对不起，我们产品不是折扣产品，不打折。"

高手指点 导购的回答过于生硬，难以被顾客接受。

2．"这个价格不算贵的。"

高手指点 直接否定顾客的说法，显得不尊重顾客，会引起顾客的抵触情绪。

WHY 深度情景解析

顾客在购买产品时，除产品质量和款式以外，最关注的就是产品价格了。当顾客提出产品价格过高时，这就说明顾客对产品本身是比较认可的，此时就进入导购与顾客的讨价还价阶段。如果双方在价格方面可以达成一致，成交就八九不离十了。

在处理顾客的价格异议时，导购首先要了解顾客产生价格异议的原因，看是否除价格以外还有其他因素阻碍其购买。如果顾客只是觉得产品价格高，导购就要重点强调产品的品质和价值，使顾客认识到并认可产品的价值，从心底里认为产品是物有所值的。

顾客可能会要求打折，导购可以按照以下方法坚持不打折，同时获得顾客认可。

（1）对顾客说自己的产品从来不打折，可以用销售记录证明，并强调产品的品质最重要，而不是它的价格；

（2）突出产品的高品质和良好的服务，通过提高产品的附加值来代替给顾客打折；

（3）在坚持不打折的同时，给顾客送一些赠品，让顾客购买同样的产品可以获得更多利益。

YES ✓ 实战强化训练 1

导购："姐，我想请教您一下，除了价格高以外，您对这款沙发还有别的不满意的地方吗？"

顾客："质量、款式都挺不错的，就是价格太高，你给便宜一点儿吧！"

导购："姐，我们店里有规定，所有产品都是明码标价，我也没有权力给您私自打折。您可以看一下我们的销售记录。（向顾客展示销售记录）而且这样做也是为了您的利益着想。您想一下，如果我们的产品动不动就打折，您今天刚买回去，我们明天就打折，您肯定会觉得吃了亏，是吧？"

顾客："你们店里从来不打折？我不信！"

导购："姐，我想请教一下，您有没有因为省钱，买了东西以后回家就后悔的情况？"

顾客："很多人都有过这样的经历吧？"

导购："对啊，'一分钱一分货'，如果质量不好，即使价格再便宜，您也不会再买了吧？我们买东西就要挑选最适合自己的产品，而不是只关注价格。虽然我们的产品价格不是最低的，但我们可以为您提供最优质的产品和服务，您说是不是？"

金牌技巧点拨

导购首先分析了产品不打折的原因，让顾客查看以前的销售记录，强调"一分钱一分货"的理念，以能够提供最优质的产品和服务作为保障，让顾客对产品表示认可。

YES ✓ 实战强化训练 2

导购："先生，您应该也看过不少产品，做了很多比较，我们的产品价格尽管不算很低，但产品很实在，质量绝对有保障。您能来我们店里，咱们之间确实很有缘分。这样吧，虽然价格无法往下降，但我们可以赠您一套沙发垫，您看怎么样？"

金牌技巧点拨

导购强调产品的质量，并恭维顾客，说与顾客相识是一种缘分，然后用送赠品来转移顾客对价格的关注。虽然价格没有再便宜一些，但顾客可以用同样的价格买到更多东西，也相当于打折了。

54 情景演练 顾客说："同样的产品别人的更便宜，还有赠品"

NO ✗ 错误应对示例

1. "我们的产品质量肯定更好。"

| 高手指点 | 没有介绍产品质量好在哪里，对顾客来说没有意义，听起来倒像是自卖自夸。 |

2. "他们的产品价格是多少？"

| 高手指点 | 导购这样回答等于自乱阵脚，会让顾客觉得导购不够专业。 |

WHY 深度情景解析

顾客记住了产品的款式和价格，还进行了对比，说明顾客即使没有马上购买的想法，也肯定是有兴趣的，有兴趣就有可能购买，导购一定要抓住这种准客户。顾客在价格上提出异议，一般出于三种情况：一是因为吃惊，感叹产品的价格很高；二是因为价格超出了他的购买力；三是因为他觉得产品根本不值这个价格。

一般来说，顾客可以支付比其心理预期高 20%~60%的价格，关键是导购是否可以激发起他们的购买欲望，这就要求导购必须告诉顾客产品价格高的原因。如果导购能让顾客觉得产品物有所值，那么他们是愿意购买的。

要想将自己的产品与竞争对手的产品区别开，导购就必须突出自己产品的独特卖点，让顾客感受到这款产品的独特性。导购可以从以下几个方面提炼产品卖点。

（1）品牌知名度：品牌是产品的象征，品牌就意味着高质量、高信誉；

（2）卓越的品质：强调产品的产地、质量认证、产品的先进制造设备、产品工艺、设计风格和获得的荣誉；

（3）完善的售后服务：售后服务本身也是一种促销手段，导购通过售后服务提高产品的信誉，可以扩大产品的市场占有率。

YES ✓ 实战强化训练 1

导购："先生，虽然看起来我们的产品和××品牌一样，其实区别很大。"

顾客："有什么区别？"

导购："一般烤漆的橱柜表面可以映出人影，而我们的烤漆橱柜表面不仅可以映出人影，关键在于人影不变形，清晰度非常高，人一眼就可以看出来倒影的模样。而有些烤漆的工艺较差，效果也差得多。您可以近距离观察一下。"

顾客："嗯，确实没有变形。"

导购："对吧，这是因为我们的烤漆使用的是八重工艺，一般的烤漆也就三到五重工艺。您摸一下烤漆的表面，很柔和吧？"

顾客："嗯，是很柔和。"

导购："这是因为我们使用了钢琴烤漆工艺，而且特地聘请了雅马哈烤漆技术的第×代传人亲自传授技艺，感觉自然不一样了。"

金牌技巧点拨

导购首先向顾客说明自己的产品与其他品牌在烤漆方面存在的区别，站在顾客的角度帮助顾客分析产品的细节，并让顾客亲身体验。这样得出来的结论更容易让顾客信服和接受，同时还强调产品烤漆工艺学自权威人物，更增加了产品的质量可靠性。

YES ✓ 实战强化训练 2

导购："美女，我十分理解您的感受，我们的地板确实比市面上大部分地板价格高得多，但这主要还是因为成本高。我们从非洲进口上乘的木材，这些木材光泽好，没有特殊气味，纹理交错有致，结构细而均匀，材质厚重，很适合用来制造地板。为了避免木材受潮，我们选择了成本高的空运，还特地聘请这方面的专家监督地板的制造……"

金牌技巧点拨

导购先是理解顾客的感受，然后说出产品价格高的原因，并突出产品的核心价值，即材料上乘、运输快，防止木材受潮，权威专家亲自挂阵督造，保证产品质量。这一切都让产品的价格合情合理，物有所值。

55 情景演练 顾客说："上次来还有优惠，现在怎么又贵了"

NO ✗ 错误应对示例

1. "不可能的，这款沙发一直是这个价格。"

| 高手指点 | 导购的回答显然是在狡辩，会让顾客觉得导购不诚实，难以对其产生信任。 |

2. "什么时候的事啊？会不会是您记错了？"

| 高手指点 | 导购把责任推给顾客，会遭到顾客的反对，不利于销售。 |

WHY 深度情景解析

　　顾客能发现产品之前有优惠，而现在没有，就说明顾客十分关注产品，最起码了解过这个产品；同时也说明他对这个产品是比较熟悉的，也比较认可该产品，只是对价格比较敏感。其实这样的顾客更容易被说服。这时导购千万不要否认顾客的说法，否则会让顾客觉得没有获得应有的尊重，从而产生不满情绪。

　　导购首先要认同顾客的感受，然后话锋一转，告诉他曾经确实有过促销活动，但现在已经恢复原来的价格，让顾客对自己错过了降价的时机而感到遗憾，随后适当做出一点儿价格让步，就会让顾客感到满意。

　　导购还可以告诉顾客，促销产品已经卖完，对他错过机会表示遗憾，并为其介绍其他类似产品。顾客往往因为不愿意再错过机会而尽快做出选择。

YES ✓ 实战强化训练 1

导购："先生，看来您非常了解我们的产品，也在密切关注我们的产品，这是我们的荣幸。您说得对，这款产品前几天的确在做促销活动，当时可以享受8折优惠。不过很遗憾，我们当时做的是节日促销，现在促销活动早已结束了。"

顾客："这么快就结束了啊！我其实挺喜欢那款产品的，当时时间匆忙，没来得及买，现在你能不能按那个价格卖给我啊？我可以立刻交定金。"

导购："先生，我也很想把这款产品卖给您，但很抱歉，那个优惠价格只在活动期间有效，现在真的不能再按照那个价格卖给您了，我只是一个导购，也没有权力私自降价，希望您能理解。要不您看看除了价格以外，我还能为您做点儿什么？"

金牌技巧点拨

导购首先认同顾客的说法，然后婉言拒绝顾客在价格上的要求，询问顾客在不让价的情况下自己还能做什么来进行弥补，以转移顾客的注意力，从而达成交易。

YES ✓ 实战强化训练 2

导购："美女，您说得没错，我们这里前几天周年店庆，做了一场促销活动，确实有几款沙发搞特价。（指着样品）您刚才说的是这款沙发吗？"

顾客："嗯，是这款。"

导购："很抱歉，这款沙发的活动已经结束了，因为当时优惠力度比较大，卖断货了，当时您没买可真有些可惜。（观察顾客的表情，发现顾客流露出遗憾的神情）不过我们这里还有一些和这款沙发类似的款式，价格刚刚调整过，现在购买非常划算，我给您介绍一下怎么样？"

金牌技巧点拨

导购首先认可顾客的说法，并指出促销活动结束，观察顾客反应，并在顾客表示遗憾时为其介绍类似款式的优惠产品，转移其注意力，使其尽早抓住机会购买。

56 **情景演练** **顾客问："这不是实木的，为什么这么贵"**

NO ✗ 错误应对示例

1. "这个价格已经很低了。"

高手指点 没有证据的回答，没办法令顾客信服。

2. "不算贵了，××品牌更贵呢！"

高手指点 这种回答会让顾客感觉导购认为自己买不起。

　　家居建材产品的价格与材质、工艺、品牌等都有着紧密联系，但很多顾客片面地认为材质决定价格。因此，当顾客看到产品的材质与产品价格不相符时，就会质疑价格的合理性。

　　导购在处理顾客的这类异议时，应该向顾客解释家居建材产品的价格受到多方面因素的影响，并不完全由产品材质决定，产品价格与款式设计、技术工艺、品牌等因素也有关系。导购还要向顾客说明，自己的品牌、服务，以及使用的制造工艺等都是最好的，所以产品价格是合理的。

YES ✓ 实战强化训练 1

　　导购："先生，您说得没错。不过，尽管我们的产品材质不是实木，但也绝对是物有所值的。我猜您之所以关注我们的产品，是因为认同我们的品牌吧？"

　　顾客："嗯，对。"

　　导购："您能关注我们的品牌，我们深感荣幸。我们的产品已经过国家质量检测，是全国知名品牌，产品所用的黏合剂都是进口胶，可以保证在用量少的情况下保持产品的牢固。我们这套产品最大的卖点就是环保性很强，家具表面不用油漆，基本不含甲醛，这正是我们的产品最大的竞争优势。而且，板式家具的时尚性更强，款式也多种多样，深受各个年龄层喜爱。"

金牌技巧点拨

　　导购提出品牌是自己产品的价值所在，并着重介绍产品的环保性来转移顾客关注的焦点，最后还介绍产品的时尚性和款式多样性，增强顾客对该产品的购买信心。

YES ✓ 实战强化训练2

导购："先生，您说得对，我们的产品材质确实不是实木的，但我们的产品也有自己的优点。我之所以为您介绍这款竹地板，是因为它非常适合您。您说家里的房子空间不是很大，想通过布置家具显得更宽敞一些，在这一点上，竹地板比实木地板更有优势。竹地板不必打龙骨，可以直接铺装，与打龙骨的实木地板相比，节约了不少层高空间；而且我们的竹地板进行了针对性的制造，不同的地方含水率不同，这样就可以有效防止地板变形，让地板更稳定；同时，我们的产品使用了二次炭化技术，竹材中的虫卵、糖分、脂肪、蛋白质等养分全部都被炭化了，中间的竹纤维呈空心砖状排列，有抗拉、抗压、防水等作用，也减少了温度对它的影响。其实，地板的价格并不是由它的材质决定的，与实木地板相比，竹地板毫不逊色，而且更适合您家的实际情况，是您最好的选择。"

金牌技巧点拨

导购着重介绍了产品的优点，并结合顾客的需求和实际情况，强调该产品非常适合顾客购买，即最合适的就是最好的，帮助顾客找到了产品的购买理由。

57 情景演练 顾客问："我是老顾客了，就不能便宜些吗"

NO ✗ 错误应对示例

1. "难道您不知道我们店的新品从来不打折？"

| 高手指点 | 这种说法太不尊重顾客，会让顾客非常生气。 |

2. "非常抱歉，我们对新老顾客都是一个价。"

| 高手指点 | 这种回答没有顾及老顾客的想法，容易伤害老顾客的面子，造成老顾客心理不平衡，感觉自己没有受到重视，很可能就不再光顾。 |

WHY 深度情景解析

对于销售行业来说，老顾客是非常宝贵的资源。老顾客再次回店购买产品，说明他们十分认可产品的性价比，很可能自己或带动他人到门店多次购买。每一个人都希望自己能得到别人的尊重和重视，老顾客因为对门店的贡献很大，所以希望得到不一样的待遇，这也在情理之中。

因此，导购在对待老顾客时要像对待自己的老朋友一样热情、亲切，让老顾客能感受到他们对门店很重要，满足心理上的优越感。如果老顾客并不满足于这种感觉，仍然要求在价格上获取实质利益，导购可以适当给予优惠。

导购可以参照以下方法来维护老顾客。

（1）成交后致谢。致谢不仅是一种礼节，而且对建立良好的关系有促进作用，成交后致谢能表现出对顾客的重视。

（2）做客户的"亲密朋友"。导购不仅不要欺骗顾客，还要将顾客视为可以信赖的朋友，这样有利于门店的长久发展。

（3）"爱屋及乌"。导购要与顾客的亲朋好友保持良好关系，问候顾客的时候提及一下顾客的亲朋好友，显得更有人情味。

（4）优惠活动登门拜访。当门店举办家居优惠或回馈活动时，要登门拜访通知顾客，维护顾客资源。

（5）与顾客换位思考。假设自己是顾客，会选择什么产品？最担心哪方面的问题？

（6）多说"我们"，少说"我"。在与顾客交谈时，把"我"变成"我们"，可以巧妙拉近双方距离。

（7）与顾客保持相同的谈话方式。对待年轻顾客，要活泼外向；对待中年顾客，要显得稳重大方；在年老顾客面前，乖巧的形象比较能获得信任。

（8）注意与顾客交谈的细节。熟记客户姓名；不可忽视日常生活习惯、地方风俗习惯，注意措辞；以顾客为谈话中心，顾客讲话时注意聆听；与顾客交谈时不接电话；与顾客电话联系时，不要比顾客先挂掉电话。

YES ✓　实战强化训练 1

导购："李女士，您是老顾客，我跟您说实话，这价格确实是成本价了。您看，同样的板材和做工，那边的店铺都比我们多卖 300 多元呢，我们真的是不挣钱。但是，您是老顾客，我看您确实喜欢这款鞋柜，要是加上一个换鞋凳就更好看了。我送您一个换鞋凳吧，我们单卖还要 100 多元呢！来，您看看搭配效果……"

金牌技巧点拨

导购通过价格的横向对比来证明价格确实很实惠，这样的解释会使顾客更容易相信；然后与顾客套近乎，并提出送赠品，让顾客乐意接受这个价格。

YES ✓ 实战强化训练 2

导购："瞧您说的，王姐，您是老顾客，怎能不照顾呢？您刚刚在看沙发的时候，我们店长就嘱咐过我，说您是我们这里的老顾客了，大家也都是老朋友了，只要您喜欢这款沙发，要我一定按最低价给您。这一款卖给别人都是 2 999 元，您要是买的话，我就直接给您报成本价 2 200 元，合适的话我就给您开票。"

金牌技巧点拨

导购一开始以对待老朋友的亲切态度来对待顾客，并搬出上级的"特别指示"，让顾客感受到优越感，再说出与新顾客不一样的价格，强调给对方的是成本价，让顾客能欣然接受，不再讨价还价，最后自然地提出成交请求。

58 情景演练 顾客问："整体定做价格太高，能不能再便宜些"

NO ✗ 错误应对示例

1. "这个价格不算贵了，比其他牌子的便宜多了。"

高手指点 这样回答显得导购高高在上，并没有站在顾客的角度考虑问题。

2. "整套购买的话效果更好。"

高手指点 这样回答没有解决顾客对价格的质疑，不能得到顾客的信任。

WHY ⟶ **深度情景解析**

　　顾客认为整体定做的家居价格太高而要求导购给一个优惠价，这在家居销售过程中也很常见。如果导购决定在价格方面不做出让步，可以向顾客适当示弱，说出自己的底线，让顾客相信，不是不想给他优惠价格，而是做不了主。如果顾客真的喜欢这款产品，往往不会固执地继续要求导购降价，而是选择妥协。

　　另外，导购可以拆分整套产品的价格，把整套产品的价格分解到每一件产品上；或是把价格分解到实际使用的每一天，把大数字变小，顾客也就更容易接受。

YES ✓ **实战强化训练 1**

　　导购： "姐，您真有眼光，我们这款××系列橱柜是店里销量最高的，属于我们店的经典款式。"

　　顾客： "我看了很多橱柜，就觉得这款不错，就是整体定做的价格太高了，能不能更优惠一些？"

　　导购： "姐，很高兴您能这么喜欢这款橱柜，我也很想把它卖给您，可是价格方面我是真的无能为力，要是可以便宜一点儿的话，我早给您优惠价了。"

　　顾客： "这好说，你给我便宜一点儿，等我的同事装修时我让他们到你这里来买橱柜。"

　　导购： "姐，真是太感谢了，也希望姐多给我们做宣传啊！姐，实话跟您说吧，因为这款是我们的招牌产品，价格确实要比其他款式高一些，我给您报的价格其实已经是我可以报的最低价了，没有办法再便宜一些了。这样吧，既然您这么想要，如果整体定做，我就再送您一套厨房四件套吧，这也算是帮您省钱了，因为您单独购买也要 800 多元呢！姐，您看怎么样？"

　　顾客： "真的不能再便宜了吗？我不想要赠品，你直接把折扣给我吧！"

　　导购： "姐，我确实没有权力这样做，您就算不要赠品，我也不能给您便宜一些。实在不行的话，我向您推荐其他款式吧，也十分受欢迎，而且价格稍微便宜一些。"

　　顾客： "我还是喜欢这一款。算了吧，就按你刚才说的办吧！"

金牌技巧点拨

导购首先赞美了顾客的眼光，并实话实说，表明自己没有权限降价，然后在价格不能让步的基础上主动提出给顾客赠品；在顾客仍坚持要折扣时，导购以退为进，向其推荐其他款式。由于顾客确实喜欢这一款，所以接受了之前的提议。

YES ✓ 实战强化训练2

导购："先生，这款产品使用了目前国内最先进的烤漆技术，属于高档产品，所以价格确实比较高。"

顾客："嗯，我挺喜欢这款产品的，你就给我便宜一点儿吧！"

导购："先生，这套家具总价是 23 600 元，您能告诉我您的期望价格吗？"

顾客："20 000 元左右吧。"

导购："我知道了，您的期望价格和我们的实际价格相差 3 600 元，差距的确不少，不过您想想，这套家具至少也可以使用 10 年，平均算下来您一年只需要多花 360 元，其实并不多，假如平均到每天的话，只需多花 1 元。您想一下，您每天多花 1 元就能享受这么高档的家具，是不是很值呢？"

金牌技巧点拨

导购在销售过程中巧妙运用了价格拆分法，将高出一般产品的价格分解到每一天，让顾客意识到，每天多花 1 块钱就可以享受高档产品，确实很值得。

59 情景演练 顾客问："折扣这么低，质量不会有问题吧"

NO ✗ 错误应对示例

1. "质量是绝对没有问题的。"

高手指点 导购的回答没有任何说服力，只是口头说一下，没有证明，不会获得顾客的认可。

2. "出了问题您可以回来找我们。"

| 高手指点 | 导购的回答会让顾客想，你就是想让我掏钱，一旦我掏了钱，有了问题也没人管我了。 |

3. "我们这是品牌产品。"

| 高手指点 | 导购的回答太空洞，没有具体回答顾客的疑问。 |

WHY 深度情景解析

产品打折对顾客来说是一件十分有利的事，顾客可以花更少的钱买到喜欢的产品。不过，顾客有时也会产生疑虑，觉得产品打折销售是因为产品有质量问题而卖不出去，想以此来提高问题产品的销量。

顾客产生这种怀疑也是情有可原的，毕竟"天上不会掉馅饼"，如果没有一个合理的打折理由，顾客确实会对产品质量产生重重顾虑。因此，导购应该坦诚地告诉顾客产品打折的真正原因，如店庆优惠、节假日促销等，以真诚的言语说服顾客，同时以打折产品的实惠为卖点引导顾客立即购买。

YES 实战强化训练1

导购："先生，您这个问题问得非常好，我们以前也有一些老顾客产生过这样的顾虑。不过有一点我可以负责任地告诉您，不管是正价还是特价，其实都是同一品牌的产品，质量也完全一样，包括我们给您提供的质量保证都是一样的。而这款产品的价格之所以很低，是因为我们店为了庆祝开业5周年，感谢顾客支持而举行了反馈新老顾客的活动，所以您现在买是非常划算的，完全可以放心选购。"

金牌技巧点拨

导购先对顾客的说法表示认可，然后以质量承诺降低顾客的顾虑，并顺便强调了产品打折的原因是在举行店庆活动，回馈新老顾客，以此来打消顾客对产品质量的疑虑。

YES ✓ **实战强化训练 2**

导购："先生，我理解您的担忧，而且很多顾客也曾有过和您一样的顾虑。但您尽管放心，我们的产品肯定没有质量问题。产品打折也是因为我们店正在做中秋节促销活动，价格比平时便宜 30%，现在购买绝对划算。当然，也不是说我们的产品就完美无缺了，如果非要说一个缺点，可能是花纹款式比较老吧，不过这种花纹款式也受到很多顾客的喜爱呢！并且这个特价就剩今天一天了，您明天再买就要按照原价购买了。"

金牌技巧点拨

导购先认同顾客的顾虑，然后向顾客解释打折是因为节日促销，并告诉顾客产品无伤大雅的小瑕疵和促销截止时间，让顾客产生一定的紧迫感，促使顾客尽快下定决心购买。

60 **情景演练** 顾客说："我认识你们店长，便宜点儿吧"

NO ✗ **错误应对示例**

1. "那您给我们老板打个电话说一声吧！"

高手指点 导购的这种说话方式会让顾客感到很尴尬，不会在门店里继续停留。

2. "您在骗我吧，您肯定不认识我们老板！"

高手指点 这句话会让顾客感觉很没面子，引起其反感情绪，他们不会再买这里的产品了。

WHY **深度情景解析**

这类顾客可能并不是真的认识店长，可以说 99%的人不认识，最多也就跟店长有过一面之缘，泛泛之交。尽管如此，导购也不能直接让他跟店长打电话，这样容易使顾客陷入尴尬的境地。因此，对待装作认识自己店长的顾客，导购不要当面揭穿他，要给他留足面子，但绝不降价。

YES √ 实战强化训练1

导购："女士，没想到您是我们店长的朋友，能接待到我们店长的朋友，我感到很荣幸！只是，目前的生意状况一般，您来我们店里买东西这件事，我一定会告诉我们老板，让我们老板亲自对您表示感谢！"

金牌技巧点拨

导购首先承认顾客是店长的朋友，并为接待到他感到荣幸，然后告诉他不能便宜的原因，并提出让店长亲自对其表示感谢，使其无法继续讨价还价。

YES √ 实战强化训练2

导购："女士，很高兴能接待您，原来您是店长的朋友啊！虽然我也想给您一些折扣，但我真的没有这个权力给您降价，希望您能谅解。不过，我可以跟店长申请送给您一个礼品，感谢您对本店的支持，同时也祝福您笑口常开，青春长驻。谢谢您选择我们！"

金牌技巧点拨

导购首先对顾客的到来表示高兴，并指出自己没有降价的权力，然后提出向店长申请为顾客赠送礼品的建议，并对顾客的选择表示感谢，使顾客不好意思再提出砍价的要求。

61 情景演练 顾客问："要是多找几个人团购，能便宜多少"

NO ✕ 错误应对示例

1. "没办法，这已经是最低价了。"

高手指点 导购的回答过于生硬，不够灵活，会伤害顾客的积极性。

2. "价格都好商量的。"

高手指点 这种回答会让顾客认为价格是可降的，会导致他们拼命地砍价。

WHY — **深度情景解析**

很多顾客都知道"买得越多越便宜"这个道理，于是为了尽最大限度地压低家具建材产品的价格，他们会组织亲朋好友一起购买，用团购的方式来获取优惠价格。

对此，导购首先要对顾客的提议表示认可和感谢，然后向其解释公司的团购政策，并让顾客尽量多找一些人来购买。在这种利益诱惑下，顾客一般会想方设法向其他顾客推荐。当顾客再次出现时，不管他们是否和其他顾客一起来购买，都要做出一定程度的价格让步，以此作为对他们劳动的回报和尊重。

YES √ **实战强化训练**

导购："先生，谢谢您的大力支持，很高兴您愿意帮助我们做产品宣传。其实我们的产品一直以来都不打折的，不过最近我们公司推出小区团购优惠政策，如果您所在的小区内同时有10位业主购买，每个人都可以享受九折优惠；如果业主的数量更多，最低可以享受八折优惠，您看怎么样？"

顾客："那好，我回去问一下他们的意见吧！"

导购："谢谢您，我等您的好消息！"

（几天后，顾客再次光临）

顾客："我这几天总共就找到5个人愿意和我一起购买你们家的产品，这能打折吗？"

导购："先生，按道理来说，只有5个人和您一起购买，我们是不打折的。不过您是我们的重要顾客，而且又帮我们做宣传，给我们带来顾客。我这几天向老板汇报这件事了，老板也很感谢您的惠顾，告诉我，您只要来，就算没有带来10个顾客也给您打九折。"

顾客："太好了，谢谢。"

导购："不用客气，这是我们应该做的，希望您以后多多支持我们的产品！"

金牌技巧点拨

导购详细解释公司的团购优惠政策后，在这种利益诱惑下，顾客通常是不会放弃购买的，所以不用担心顾客不回头。当顾客再次光临时，导购让顾客觉得自己与众不同，为其打折，并让其继续支持。

62 | **情景演练** **顾客说："海报上说全场打八折，原来是骗人的"**

NO ✗ 错误应对示例

1. "您来晚了，产品已经卖完了。"

高手 指点	导购这样回答等于把责任全部推给了顾客。

2. "您看错了，我们的产品是八折起，不是全场八折。"

高手 指点	导购这样的回答会让顾客认为自己受到了商家的愚弄。

WHY ▬ 深度情景解析

很多商家通过使用促销海报或广告来吸引顾客前去购买产品，但有时顾客到店后发现想要购买的产品并未打折，就会感觉自己受到了商家的欺骗。

这时导购首先应该真诚道歉，解释产品不再打折的原因，想办法安抚顾客的不满情绪，使其感觉自己得到了应有的尊重和重视；然后，导购要让顾客感觉到你在为他争取利益，可以通过主动为顾客调货，或者帮助顾客向老板争取更优惠的价格等行动来获得其认可。

海报的打折广告信息与实际不符，一般来说有以下情况：

（1）促销产品卖完了——导购可以向顾客介绍其他特价产品，并突出这款产品独特的卖点；

（2）促销活动已经结束了——为了缓和顾客的不满情绪，让顾客满意，导购可以给予顾客适当的优惠；

（3）促销产品不在本店——如果可以为顾客调货，尽量满足其需求。

总之，导购在与顾客沟通时一定要心平气和地进行解释，不要与顾客发生争执。

YES ✓ 实战强化训练 1

导购： "先生，不好意思，那款产品前几天搞特价促销活动，只不过这个活动在昨天结束了。不过您也别着急，虽然这款产品现在没有办法打八折了，但我可以试着帮您申请一个特别折扣，不能让您白来。请稍等，我去问问店长的意见。（几分钟以后返回）先生，我刚才跟店长说明了您的情况，他同意给您打九折，您看怎么样？希望您以后继续支持我们的产品，并为我们做一些宣传。"

金牌技巧点拨

虽然特价优惠活动已经结束了，但导购为了留住顾客，仍然为其争取了一个特别折扣，以满足其要求，使顾客感觉到自己被尊重。

YES ✓ 实战强化训练 2

导购： "先生，很抱歉，您说的这款产品已经卖断货了，真是不好意思，害得您白跑一趟。要不我为您介绍一下其他款式吧，您看怎么样？"

顾客： "我就喜欢这个款式，不喜欢别的。"

导购： "要不然我帮您问问其他店还有没有这款产品吧，如果有的话，我试着帮您调货。不过，之前的价格是因为搞店庆所以才打折的，现在从别的店调货可能就不能打折了，您能接受吗？"

顾客： "现在不打折了啊？"

导购： "我帮您争取一下吧。您稍等一下，我先帮您问问，如果别的店也没货了，我就真的没办法了。（几分钟以后返回）先生，太好了，我刚才问了一下，我们的另一家店还有这款产品，而且我为您争取了一下，店长同意还是按照八折的价格卖给您。如果您还满意的话，希望可以帮忙宣传一下我们的产品。如果没问题的话，那我就帮您登记了，3天以后给您送货，怎么样？"

金牌技巧点拨

导购对产品售罄这件事向顾客表示惋惜，然后十分努力地向其他店铺寻找货源，让顾客感受到导购在为其利益而努力。导购全程语气温和，态度真诚，使顾客在受到尊重的同时享受到了特价优惠，自然会非常认可这款产品。

63　情景演练　顾客问："进口的比国产的贵很多，有何区别"

NO ✗　错误应对示例

1. "进口产品比国产产品更好。"

> **高手指点**　顾客关心的不是进口产品好不好，而是它好在哪里，是否值得他花钱购买。

2. "这是法国设计师设计的最新款式。"

> **高手指点**　顾客问的是质量，导购回答的却是设计，根本没有回答顾客的问题，也就无法解决顾客的疑惑。

WHY　深度情景解析

　　进口产品的价格一般比国产产品高，这是由于进口产品的整体成本高于国产产品，之所以如此，主要受到外国著名设计师设计、生产地在国外、运输成本高、拥有更高的品牌知名度和品牌文化内涵更丰富等诸多因素的影响。

　　在处理顾客的这种异议时，导购要为顾客介绍进口产品与国产产品相比所具有的优势，如设计更前卫、时尚，产品材质和制造工艺更好，更能彰显顾客品位等，使顾客明白进口产品的价值，进而认同进口产品的高价。

　　导购在介绍进口产品的优势时，具体可以介绍以下几点。

　　（1）著名设计师操刀设计，使产品具备独特的观赏价值；

　　（2）产品使用了贵重的木材、板材或钢材；

　　（3）产品使用了先进的制造工艺；

　　（4）产品设计独特，独具品位；

　　（5）产品是高档家居的代表，更符合顾客的成功人士标签。

YES ✓　实战强化训练 1

　　导购："先生，这款进口沙发的价格的确比国产品牌高得多，但也是物有所值的。请问您觉得沙发是质量重要还是外观重要？"

　　顾客："这两方面都挺重要的啊！"

导购: "没错,您买沙发肯定想买质量好且美观的,那么这款沙发就是您的最佳选择。这款沙发是意大利著名设计师××设计的最新款式,全球限量生产,限量发售,在国内市场上只有100套,非常珍贵。而且这款沙发不仅设计感强,其材质和制造工艺也非常好,特意选择了××材质,应用了××技术,体验非常棒!您可以亲自体验一下。"

金牌技巧点拨

导购着重强调了本产品是著名设计师设计的珍品,是限量产品,从而向顾客解释了进口产品的高价所对应的价值,并让顾客亲自体验,使其对产品产生认可。

YES ✓ **实战强化训练 2**

导购: "先生,您说得没错,我们这款产品的价格的确有些高。不过,在选择电工类产品时,大家最关心的肯定是安全性,而这款产品的安全系数要比其他产品高得多,它选用的原材料面板是美国 GE 和 PC 材料,承载力超强,能够承载 64 盏日光灯照射,安全性非常高。而且这款产品的使用寿命长达 15 年,可以使用 8 万次,远远超过国产产品的 8 年使用寿命。所以说,这款产品绝对是物有所值的。"

顾客: "尽管你说得没错,但我仍然认为有些贵。"

导购: "先生,对于这款产品,我给您的价格真是非常优惠了。实话跟您说吧,前两天××小区有一位顾客也在我们这里买了这款产品,我给他的价格比给您的价格还要高 15%呢!您看,这是我们的销售记录。我就是把您当自己人才给您报这样的价格,您可千万别说出去,也希望您能为我们多做宣传。"

金牌技巧点拨

导购强调了产品的安全性高,并用具体的数字来说明产品的使用寿命和物有所值,准确地把握顾客不怕买得贵,怕的是买得比别人贵的心理;最后把顾客当成自己人,拉近心理距离,以促成交易。

64 情景演练 顾客说："我不要赠品，直接给我打折就行了"

NO ✗ 错误应对示例

1. "很抱歉，我们公司有规定，不能直接降价的。"

| 高手指点 | 导购直接拿公司的规定跟顾客说事，最容易引起顾客的反感，对促成交易没有任何正面作用。 |

2. "那不行，即使您不要赠品也不能给您打折的。"

| 高手指点 | 拒绝得太直接了，会让顾客很尴尬，可能还会因为这句话而放弃购买产品。 |

WHY 深度情景解析

很多顾客在成交前往往会提出一些超过公司规定的要求，这让导购非常矛盾，假如直接拒绝，顾客肯定会非常不满，很容易导致交易失败；假如满足顾客的要求，又不符合规定，也无法向领导交代。

导购可以围绕顾客的心理来处理他们提出的这类要求。实际上，顾客此刻最看重的不是优惠，而是自己的心理满足感，看自己是否受到足够的重视和尊重。在尊重顾客的基础上，导购做到以下几点，一般就可以让顾客放弃直接降价的要求，欣然接受产品。

（1）强调产品。购买产品最关键的是看产品是否适合自己，是否值得购买，而不是赠品。

（2）陈述价值。赠品代表的是导购对顾客的心意，体现的是价值而不是价格。

（3）强调赠品的特点。赠品都是商家精心挑选的，不仅方便实用，价格也很高。

（4）祝福顾客。产品加赠品，代表了"好事成双"。

YES ✓ 实战强化训练 1

导购："先生，我理解您的意思。您对产品很在行，肯定知道在购买产品时最应该关注的是产品是否适合您家的装修风格。看得出来，您对这款产品非常满意，就算没有赠品，您肯定也会购买的！我们给您赠品代表的是我们的一份心意，其实和产品价格并没有多大的关系。我们赠给您的这台空气净化器是厂家定制的，很适合放在刚装修的新房中，它可以有效地过滤甲醛，并且这是非卖品，您在市面上根本买不到。即使您不需要，把它送给别人也很好，不过只要您用了肯定也舍不得，对不对？"

金牌技巧点拨

导购首先对顾客的说法表示理解，然后向顾客强调购买的关键在于产品是否值得购买；并陈述赠品代表的是心意，与产品价格无关；最后强调赠品是定制款，在市面上买不到。让顾客下定决心购买。

YES ✓ 实战强化训练 2

导购："美女，我理解您的想法，既能获得赠品，又可以打折，这当然是再好不过了。但我们是品牌专卖店，很少打折销售，也很少送赠品。这一次是因为组织 8 周年店庆活动，为了回馈广大顾客才开展促销活动的。您可以从打折和获取赠品中自由选择一种回馈方式，机会难得。我个人建议您选择赠品，因为赠品是定制限量款，活动结束以后，想买都买不到了。您要是选择赠品的话，等于花同样的钱购买两件产品，当然更划算了。"

金牌技巧点拨

导购首先向顾客表明了这次促销机会难得，给顾客一种心理上的紧迫感；然后果断地为顾客提供选择赠品的建议，使其觉得更加划算。从而激发其购买的冲动。

65 情景演练 顾客说："我都来好儿趟了，再给打点儿折吧"

NO ✗ 错误应对示例

1. "不行，真的不能再打折了。"

| 高手
指点 | 导购直接拒绝顾客的要求，会让顾客很没面子，顾客很大程度上不会再购买产品。 |

2. "我们店概不打折，您来这么多次还不知道吗？"

| 高手
指点 | 这种话有质疑顾客的意思，十分不礼貌，会让顾客非常恼火。 |

WHY — 深度情景解析

很多导购遇到过犹豫不决的顾客，这些顾客来了很多次，但仍然无法下定购买决心。导购觉得这样的顾客很小气，与他们讨价还价非常累。其实，顾客能够为了某件产品多次"回头"，这就说明他的确很喜欢这件产品，而他们越喜欢产品，导购在讨价还价的过程中就越占据有利位置。研究表明，"回头客"的购买率为70%。因此，导购在面对这种顾客时要积极主动，以促使其产生购买行为。

其实，那些三番五次来看产品而不购买的顾客，他们也会觉得不好意思，所以在讨价还价时底气不足。一方面，导购不能给他们太大的心理压力，不能对其有不耐烦和不屑一顾的表现，而要保持始终如一的热情和真诚，以排除顾客心理上的不安；另一方面，导购要再次强调产品的价值和可能带给顾客的利益，以增强顾客的购买欲望。在必要的情况下，导购可以做出适当的让步，如赠送小礼品或者代金券等。

YES ✓ 实战强化训练

顾客："你看，我都来来回回好几趟了，就不能给我一点儿折扣吗？"

导购："我之前也和您聊过很多次，知道您很有诚意购买我们的产品。刚才我打电话给老板请示了这件事。经理说我们给出的价格确实是最低价了。我向他一再强调您的购买诚意，经理考虑再三之后，这才决定给您打八折，您看这样好吗？"

金牌技巧点拨

导购从顾客的行为中得知顾客对产品十分很满意，于是向经理请示打折，最终通过微小的让步展示自己的诚意，并询问顾客的意见。这样的应对方式不仅给顾客留了面子，还给顾客实惠，顾客一般会非常高兴地购买产品。

66 情景演练 顾客说："就六折，不卖我就买别人家的"

NO ✗ 错误应对示例

1. "如果能打六折的话，我早就卖给你了。"

> **高手指点** 导购这样回答很不妥，会让顾客理解为"您要买就赶快买，不买就赶紧走"。

2. "我真心是想卖给你，但我们老板规定只能是这个价格了。"

> **高手指点** 这是拿老板当挡箭牌，会让顾客觉得老板不近人情。

WHY 深度情景解析

面对众多同类产品，顾客往往"货比三家"，经过烦琐的挑选和比较才最终找到满意的产品，因此他们一般不会轻易放弃这类产品。况且顾客在"强硬"地说出"不打折就去买别人家的"之前，已经讨价还价很久，这种精力上的付出更使其难以放弃快要到手的心动产品。

因此，导购要善于利用顾客的这种心理，抬高产品的核心价值，强调产品的利益点，确保给顾客留下足够深刻的印象。

如果顾客仍然坚持压价，导购可以询问顾客在不让价的前提下是否还有其他成交的途径，如送赠品。假如顾客一直坚持压价，导购可以一小步一小步地让价，表现出让价的艰难，让顾客看到你是在为他尽力争取利益。

YES ✓ 实战强化训练 1

导购："先生，看得出来您非常喜欢我们这款产品，但这个价格我是真的无能为力。这样吧，您稍等一下，我向店长申请一下，看能不能为您申请到一个更低的折扣。（过了一会儿，导购回来）先生，不好意思，让您久等了，刚才店长说，六折的价格确实不行。但店长考虑到您非常喜欢这款产品，便叮嘱我给您最优惠的价格，八五折的价格您看怎么样？"

金牌技巧点拨

导购采用了一小步一小步的让价方式，让顾客觉得商家做出了很大的牺牲，确实努力在给他最大的优惠，从而在心理上逐步接受给出的价位。

YES ✓ 实战强化训练 **2**

导购："先生，我明白您的想法，但这个价格的确是最低价了，不能再让了。如果我给您打六折，就要由我来垫付差价。先生，您挑选到这件产品也不容易，而且我也想和您达成交易。请问，不让价的话，您还需要我为您做点什么才能成交呢？您尽管说出来，我会努力满足您的要求。"

金牌技巧点拨

导购坚持不让价，说出自己的苦衷，然后尝试用其他服务代替让价。顾客既然非常喜欢这款产品，又可以获得额外的服务，自然会增加购买欲望。

67 情景演练 顾客说："我一次买这么多，也不给打折啊"

NO ✗ 错误应对示例

1．"请您不要这样，您这样我也很难做。"

高手指点 导购这样回答很不妥，会让顾客认为你得了便宜还卖乖，卖了这么多产品，一点儿优惠也没有，还责怪顾客施加压力了。

2．"我们的产品从不打折。"

高手指点 不管是不是公司的规定，直接拒绝顾客是非常生硬的做法，会让顾客很没面子。

WHY 深度情景解析

导购在面对顾客提出的异议时并非每一次都要接受。导购也要适当学会对顾客说"不"，往往可以获得顾客的尊重和理解。不过，导购在拒绝顾客时一定要讲究方法，一定不要让顾客产生碰壁感，否则顾客肯定会生气地离开。

导购在拒绝顾客前可以先认同顾客的说法，然后围绕产品的独特卖点、定价策略、售后服务等方面进行解释，以获得顾客的认同和理解。最后，导购还可以适当做出一些小让步，如赠送小礼物等，让顾客看到你是在为他争取利益，其心中的不满便会慢慢消失。

YES ✓ 实战强化训练

顾客：（一次性买了五件卫浴产品）"买一件不打折也就算了，我买了这么多也不打折啊！"

导购："先生，我完全理解您的心情，如果我是您，也会觉得买得多就应该多给折扣。我看您也多次来到我们店里，对我们的产品很满意。您知道我们的产品都是保证高品质的，而且定价非常实在，绝对物有所值，所以希望您多理解和支持我们的工作。不过，考虑到您的购买诚意，也感谢您的大力支持，我送您一套很实用的厨具吧，您看怎么样？"

金牌技巧点拨

导购虽然拒绝了顾客的打折要求，但态度友好，对顾客的诚意表示感谢，最后尝试用赠品帮助顾客找到心理平衡，从而获得顾客的信赖和订单。

68 情景演练 顾客说："我再等等吧，说不定还会降价呢"

NO ✗ 错误应对示例

1. "以后要是没货了怎么办？"

高手指点 导购这样说过于生硬，会让顾客不知如何应答，十分尴尬。

2. "最近我们店没有打折活动。"

高手指点 顾客这样说，一般是要等到节庆假日再买，导购说没有打折活动，会让顾客觉得没有诚意，连节庆促销活动都不开展，从而失去购买兴趣。

WHY ❶　深度情景解析

为了促进销售，很多商家经常推出打折促销活动，而顾客也学会了挑选时间购买产品。很多顾客明明已经看中了某款产品，却打算再过几天，等到开展促销活动时再购买，这样可以节省开支。

当顾客提出这类异议时，导购要对其表示理解，但也不能因此放弃顾客，而要引导顾客，使其明白此时购买是明智之举。要知道，顾客的消费心理和消费行为是可以被影响的，如果在说服顾客时举出一些有代表性的例子，就更容易影响顾客的购买决心了。

YES ✔　实战强化训练

顾客：（犹豫不决）"太贵了，再过几天就到中秋节了，我还是那时候再来吧，说不定会有更多折扣呢！"

导购："先生，我完全理解您的心情，毕竟现在节庆假日促销活动非常多，如果能在那个时候买到喜欢的产品，确实可以省下一笔钱。不过，等待的过程中还是有很多未知数的。上半年'五一'促销活动期间，有一位顾客就向我抱怨，说他在四月份看中了一款卫浴产品，本打算'五一'时再买，结果到了'五一'，这款产品竟然卖断货了，他不得不重新挑选了一个款式，差一点儿耽误他装修。"

顾客：（小声嘀咕）"真的这么严重吗？可别到时候真的买不到合适的，耽误了孩子的婚期可就麻烦了。"

导购："先生，我看您特别有诚意购买我们的产品，您现在可以先交一小部分预付金，等到促销活动时，如果有更低的价格，我们就按照那个价格来算。"

顾客："嗯，这样也好。那就这样定了。我要一张双人床、一组衣柜，还有一套橱柜。您看需要多少预付金？"

金牌技巧点拨

在顾客打算过几天再买时，导购首先对其表示理解，然后指出等待过程中的风险，并用实例证明这种风险，增加了顾客的担忧；最后提出用预付金确定产品，促销时采用优惠价格的方式，这样就打消了顾客对产品价格和无法购买到产品的顾虑。

69 **情景演练** 顾客说："我今天带的钱不够，改天再来吧"

NO ✕ 错误应对示例

1. "那好，那您改天再来。"

| 高手
指点 | 这是一种轻易放弃顾客的做法，这样的结果是一般顾客不会再来。 |

2. "那您可以看看便宜的款式。"

| 高手
指点 | 这种说法很难让顾客接受，顾客喜欢的是这个款式，而不是其他款式。 |

WHY ✏ 深度情景解析

　　顾客在店里看中了一款家居产品，经过导购详细介绍之后，顾客却说"我没带够钱，改天再来看吧"，然后便离开卖场，这种情形可谓屡见不鲜。很多导购真的以为顾客没带够钱，就等待顾客回去拿钱再来买，但他们往往一去不回。

　　为了防止顾客流失，导购要有锲而不舍的精神，如果顾客说自己没带够钱，导购可以让他们适当付一点订金，等送货上门以后再付全款；导购要体谅顾客，对其表示理解，说自己也有过这种情况，这样可以与顾客拉近距离；导购还可以记下顾客的联系方式，帮助他们登记资料，这样他们就不会轻易放弃购买了。

YES ✓ 实战强化训练 1

　　导购："先生，没关系，我也经常出现这种情况，出门忘记带手机、带钱。看得出来您十分喜欢这套餐桌，实话跟您说吧，这套餐桌是我们店里最后一套了，您要是错过了可就太可惜了。这样吧，我现在就找车帮您送货，等到了家您再付款也可以，您觉得怎么样？"

　　金牌技巧点拨

　　导购首先对顾客的情况表示体谅，然后告诉顾客这是最后一套，刺激顾客的紧迫心理，并告知顾客可以送货上门再付款，让顾客无法拒绝，减少他反悔的机会。

YES ✓ 实战强化训练2

导购： "先生，看得出来您特别喜欢我们这款整体橱柜，这款橱柜是我们店里的畅销品，受到广大顾客的喜爱，所以目前库存不多了。我建议您先定下来，稍微交一些订金，剩下的部分可以等到送货安装时再交。您看怎么样？"

金牌技巧点拨

导购首先肯定了顾客选择的产品，并突出产品的受欢迎程度，提到库存不多，刺激顾客产生紧迫感，然后为顾客提出建议，用"订金+到付"的方式来打消顾客的疑虑。

第6章

Chapter 06

突破成交障碍情景口才训练与实战技巧

销售口才

　　做销售不是一蹴而就的，不仅要具备坚强的意志力，还要懂策略，可以根据不同顾客提出不同的销售方案。如果导购从顾客的异议中找到了顾客不愿意购买的理由，只要运用各种成交方法与技巧说服顾客，成功消除其异议，就可以顺利达成交易。

70 **情景演练** 顾客问："你们的售后服务怎么样"

NO ✗ 错误应对示例

1. "先生，您放心，我们的售后服务是非常好的。"

| 高手
指点 | 导购的回答比较空洞，应该介绍更详尽具体的内容，顾客才可以放心。 |

2. "我们的产品质量非常好。"

| 高手
指点 | 导购答非所问，可能想通过强调产品质量好来让顾客对服务放心，但这会让顾客觉得导购对自己的服务不自信，是在回避问题。 |

WHY 一 深度情景解析

在与顾客交谈时，导购要密切注意顾客的话语和行为，当顾客发出明显的成交信号时，导购要抓住机会直接要求成交。很多导购害怕被顾客拒绝，所以不敢主动要求顾客成交。但是，顾客很少会主动购买，导购如果不开口，就很有可能失去了成交的机会。

导购在要求顾客购买时，应该要求明确，语气坚定，不断重复，即使已经被顾客拒绝了一次，一旦机会再次出现，也要毫不犹豫地主动要求，只有这样才能把握住来之不易的成交机会。

当顾客有了以下行为或反应时，导购要不失时机地提出成交请求：顾客询问送货时间时、顾客询问售后服务时、顾客提出具体要求时、顾客心里的疑虑被彻底打消时、顾客表现出对产品的满意时。

因此，顾客询问售后服务，表明顾客有了购买意愿，发出了成交信号。导购首先介绍公司的售后服务条款，并对顾客做出无风险承诺，然后直接向顾客提出成交请求，促使顾客立即购买。

在成交的最后时刻，顾客常常下不了决心，导购就必须巧妙地给顾客以恰当的建议，帮助顾客早下决心。导购应掌握以下 8 种成交方法。

（1）直接要求成交法。导购发现顾客的购买欲望很强烈时，可以直截了当地向顾客提出成交要求。

（2）假设成交法。导购要抱着顾客肯定会买的态度，向顾客询问一些如何包装、付款及保管产品等方面的问题，或者用开票来结束销售。

（3）选择成交法。导购向顾客提出两个或两个以上的购买方案供其选择，不管顾客做出何种选择，都意味着销售成功。

（4）推荐法。导购仔细观察顾客喜好的产品，如顾客多次触摸、特别注意或多次提到，就向其大力推荐这种商品。

（5）排除法。导购从候选的产品中排除不符合顾客喜好的产品，间接促使顾客下决心。

（6）动作诉求法。导购可以用某种动作或语言对犹豫不决的顾客做工作，使其下定决心，如"您再看一下……"。

（7）感情诉求法。用感人的语言使顾客下定购买决心。

（8）最后机会成交法。导购告知顾客库存不多，或者即将取消优惠条件，以增加顾客的紧迫感。

YES ✔ 实战强化训练 1

导购： "先生，关于售后服务您尽管放心。我们是国内知名品牌，在售后服务方面一直有很高的口碑。对于地板产品，我们承诺 3 年保修，一旦出现因质量问题引起的地板损坏，您都可以持购买单据获得免费维修服务。3 年以后，公司还会为顾客提供有偿的维修服务。所以请您放心，绝对不会出现有了问题没人管的情况。要是没有别的问题，我就帮您开票了啊！"

金牌技巧点拨

导购向顾客介绍了公司的售后服务条款，解释了顾客关心的问题，然后直接提出了成交请求。由于导购解决了顾客唯一的顾虑，一般顾客会很快下单。

YES ✔ 实战强化训练 2

导购： "先生，这款产品是国家免检的名牌产品，您完全不必担心其质量。我们还承诺 3 年保修，以确保您可以安心使用。您看我们是今天下午送货还是明天上午送货呢？"

金牌技巧点拨

导购强调产品质量，然后主动要求为顾客送货，并运用"二选一"提问法。顾客会习惯性地选定一个时间，也就促成了这次交易。

YES ✔ 实战强化训练 3

导购："是的，美女，售后服务确实非常重要，我们在购买产品时不容忽视。下面就让我来给您简单介绍一下我们的服务条款吧……（详细介绍公司的售后服务条款）如果我们把沙发送到您家以后，您觉得不喜欢或不满意，3 天之内可以无条件退货。"

金牌技巧点拨

导购先向顾客介绍了售后服务条款，并对顾客承诺一旦交易后不满意可以退货，这样可以打消顾客对售后服务的疑虑，促使其立即成交。

71 情景演练 顾客问："要是材料有剩余，可以原价退货吗"

NO ✗ 错误应对示例

1. "对不起，不能退的。"

高手指点	这种生硬的拒绝很难让顾客接受。

2. "可以是可以，但不能在我们这里退。"

高手指点	导购的回答会让顾客十分困惑，导购应着重说明门店不能直接退货，而是要到库房进行统一退货。

WHY ➊ 深度情景解析

对于很多人来说，采购装修材料是一个非常头疼的问题，因为装修所需要的材料实在太多了，所以建材数量很多时候是一个预估数字，在实际装修过程中总会出现数量上的差异，即"多退少补"的问题。如果导购在回答这类问题时能够让顾客满意，交易的可能性自然就会大大增加。

导购要学会为顾客考虑，为顾客解决难题。假如厂家有"多退少补"的规定，导购就向顾客解释规定的具体内容，并指导顾客如何多退少补；假如厂家不允许退货，导购就建议顾客尽量计算准确，一次性购买，以免浪费，同时帮助顾客找到最合理的装修建材数量。合理对待顾客的这一异议，可以避免产生纠纷，消除顾客的疑问，促成交易。

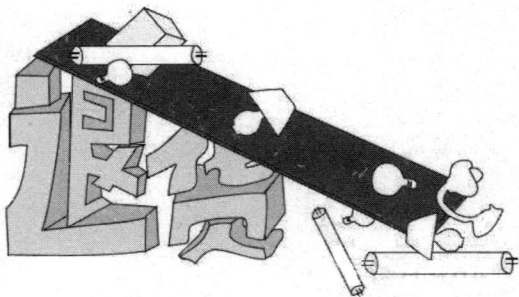

YES ✓ 实战强化训练 1

导购："先生，是这样的，我们品牌的建材产品执行的是"多退少补"的规定，只要装修剩下的建材没有使用过，而且没有损坏，您就可以直接到我们的售后服务中心退货。有一点我必须跟您说清楚，我们门店是不能直接给你退货的，您一定要留存购买凭证，并完好保存产品，以方便退货。请问我的解释是否清楚？如果没其他问题的话，我就帮您开票了。"

> **金牌技巧点拨**
>
> 导购解释公司具体的退货规定，并提醒顾客退货的注意事项，尽量让顾客满意。

YES ✓ 实战强化训练 2

导购："先生，是这样的，如果您在装修过程中的确剩下了瓷砖，而且保存完好，是符合退货条件的，但不能到门店退货，而是您自己去公司库房退货。您也知道，退货肯定没有购物方便，所以我建议您最好先计算清楚需要多少瓷砖，然后一次性购买，这样也就不用再自己退货了，您说呢？我现在帮您算一下大概的数量吧，看您大概需要购买多少瓷砖。您有没有带家里的户型图？"

> **金牌技巧点拨**
>
> 导购说出允许退货的规定，但提出需要顾客自己到库房退货，非常麻烦，于是站在顾客的角度为顾客提出事先计算清楚数量的建议，并帮助顾客计算数量，这样更容易被顾客接受。

72 情景演练 顾客说："我自己决定不了，还是先回家商量吧"

NO ✕ 错误应对示例

1. "我们这么好的产品，您家人肯定会喜欢的。"

> **高手指点** 这种说法缺乏客观依据，难以说服顾客。

2. "好的，您回家商量了以后再来购买吧！"

> **高手指点** 看起来善解人意，但得到的结果很有可能是顾客不再上门。

3. "在家里您做主就行了，还用得着商量吗？"

> **高手指点** 这种激将法会让顾客很不舒服，而且有一种催促顾客购买的感觉，会让顾客更加难以做出决定。

WHY 深度情景解析

　　家居建材产品的价值一般很高，而且使用时间较长，假如家人不喜欢，会对日常生活造成很大的困扰。因此，顾客在购买家居建材产品时，不仅要考虑自己的想法，还会考虑亲友的意见，这也是对亲友的尊重。

　　导购在处理这种异议时，一定不要流露出急于成交或者鄙夷、不耐烦的神情，而是表现出对顾客的尊重与认同，赞美他对家人的尊重，称赞其是一个考虑家人感受的人。另外，导购还可以通过问题了解顾客的真实购买意愿，并留下顾客的联系方式，逐步敲定顾客下次来店的时间。

YES ✓ 实战强化训练

　　导购："先生，您真是一个优秀的丈夫，您太太肯定很幸福！"
　　顾客："哪里。"
　　导购："先生，您开始装修房子了吗？"
　　顾客："很快就要动工了，所以现在过来看看建材。"
　　导购："以前您和太太一起来这里看过吗？"

顾客："看过几次，但都没有看到喜欢的。"

导购："是啊，找到一款喜欢的产品的确很不容易，需要精挑细选。看来您和这款产品特别有缘，您知道吗，这可是我们第一天摆放出这款产品来！"

顾客："是啊，我的确很喜欢，但不知道我妻子是否喜欢，所以想要回去征求一下她的意见。"

导购："您做得对！房子是一家人住，肯定要征求家人的意见了，您两个人都满意才行。这样吧，先生，您能不能留下联系方式？这样的话，这款产品要是有什么优惠，我可以随时通知您。"

顾客："好的，我的手机号码是……"

导购："嗯，记下了。对了，不知道您和太太什么时候有空来看看呢？如果您确定了时间，可以联系我，我为你们预约专业的客户经理，让他来专程接待你们。"

顾客："嗯，那就这周日吧，我们10点左右过来。"

导购："好的，那周日上午10点见！"

金牌技巧点拨

导购首先赞美顾客，通过询问来了解顾客的购买意愿，在确定顾客购买意愿很强烈以后，记下顾客的联系方式，并询问顾客再次来到店里的时间，主动提议接送顾客，这样成功率更大。

73 情景演练 顾客问："别人家都赠送配件，你们送吗"

NO ✗ 错误应对示例

1. "他们送的那些配件都不值钱。"

高手指点 这种回答有诋毁竞争对手的意思，而且还有一种自己不赠送配件的含义，无法说服顾客。

2. "'羊毛出在羊身上'，最后还得您埋单。"

高手指点 导购的这种回答对顾客有嘲笑之意，很容易激起顾客的抵触情绪。

WHY ── **深度情景解析**

为了用最优惠的价格买到喜欢的产品，顾客喜欢将想要购买的产品和竞争对手的产品相比。这时，导购千万不能感觉被戳到了痛处，非常急迫地与顾客争辩，这样只会适得其反。

在处理顾客的这类异议时，导购可以利用富兰克林分析法来引导顾客成交。具体方法为：在一张纸上画出"T"字形的两栏，左边写上肯定的部分，右边写上否定的部分。也就是说，把购买产品的好处事无巨细地写在左栏，而在右栏写上顾客感知到的或者未感知到的坏处，让顾客对好处和坏处进行对比。

这种做法便于顾客进行利弊比较，说服力强，让顾客感觉到导购只是代表自己把评估客观地写在上面。而且由于当场书写好处和坏处，时间和信息有限，顾客不太可能想出太多否定的因素，这对于导购来说更有利。

YES ✓ **实战强化训练**

导购："美女，我明白您的想法，这样吧，我们先看看，除了这一点之外，您对我们的产品还有什么不满之处。您可以回答我几个问题吗？"

顾客："可以，你问吧。"（导购一边询问一边写，如下所示）

优点	缺点
1. 花纹、颜色不错	1. 买产品不送配件
2. 实木材质，环保性强	2. 价格稍微有些高
3. 知名品牌，服务有保障	
4. 7天无条件退换货	

导购："看完这张表格您就会发现，自己的选择十分明了了，您只是还想再比较比较，好让自己更放心一些，对吧？"

顾客："你说得对。"

导购："您经过千挑百选，从各种各样的款式中最终选择了这一种款式，肯定觉得这款地板的花纹、颜色都非常合适您，令您非常满意吧？"

顾客："对。"

导购："作为知名品牌，我们品牌的产品会让您用起来更有面子，而且我们还提供良好的售后服务，一旦您的产品出现什么问题，我们会立即提供维修服务，以保障产品的使用。"

顾客："嗯。"

导购："我们的产品价格确实有些高，但在这种高档橱柜中这种价格还算是较便宜的，您觉得呢？"

顾客："考虑到品质的话，这个价格还算比较合理。"

导购："也就是说，您早就做出了自己的选择，不管我们送不送配件您都会购买的，我说得对吗？"

顾客："嗯。"

导购："您也知道，虽然我们无法赠送您配件，但我们的产品和服务一定可以让您满意，所以您还犹豫什么呢？"

金牌技巧点拨

导购运用富兰克林成交法鼓励顾客去考虑事情的正反面，突出购买是正确选择，最后鼓励顾客不再犹豫，抓紧成交。

---

74 情景演练 顾客问："买建材都免费安装，你们怎么不管"

NO ✗ 错误应对示例

1. "我们也送的。"

高手指点 这样说会让导购陷入被动，顾客会以为他要是不提导购就不送了，顾客的安全感就更弱了。

2. "天下没有免费的午餐，免费安装都是陷阱。"

高手指点 这种诋毁竞争对手又侮辱顾客智商的说法只会让顾客不舒服。

WHY 深度情景解析

当顾客提出问题时，假如导购可以给予顾客满意的答复，成交的可能性就很大，顾客会立即做出购买决定。当顾客询问购买建材产品商家是否提供免费安装服务时，导购如果对此给予肯定回答，顾客就会感到满意，并很快达成交易。

如果商家规定不能提供免费安装服务，导购也可以先答应顾客的条件，并让顾客答应相应的交换条件，从而使顾客承诺立即成交。一旦交易达成后，导购就要立即寻求顾客所提问题的解决方案，比如另行聘请安装人员为其免费安装等。

YES ✓ 实战强化训练 1

导购："先生，是这样的，我们本来是为顾客提供免费安装服务的，但后来许多顾客说自己找安装人员，不要免费安装服务，而是要求直接打折，他们觉得这样更实惠。后来我们调整了政策，假如您需要安装服务，我们可以为您免费安装；如果您自己找安装人员，不想要安装服务，我们可以为您打九五折。您看您是想直接打折，还是需要免费安装服务呢？"

金牌技巧点拨

导购就顾客提出的安装服务提出了两种解决方案，用选择型成交方式说服顾客做出购买决定。

YES ✓ 实战强化训练 2

导购："先生，很抱歉，公司规定买建材产品是不赠送免费安装服务的。不过，如果您在我们这里购买地板和涂料的话，我们可以为您提供免费的安装服务，并确保安装质量，一定会让您满意。先生，还有什么别的问题吗？如果没问题的话我就帮您开票了。"

金牌技巧点拨

导购在答应顾客提出条件的同时提出自己的条件让顾客同意，用交换条件的方法让顾客承诺立即成交。如果顾客想要免费安装服务，此时公司也会增加销售收入。

75 情景演练 顾客说："有些款式没有样品，图片看不出效果"

NO ✗ 错误应对示例

1. "没办法，展厅太小了，摆不下那么多样品。"

高手指点	导购强调客观原因，容易让顾客认为这是在找借口。

2. "其实看图片也是一样的。"

高手指点	这是对顾客不负责任的回答，没有站在顾客的立场上看问题。

WHY 深度情景解析

由于样品能够帮助顾客更直观地感受产品的外观、功能和使用效果，因此顾客大多喜欢看到样品。相对来说，图片的功能就弱得多，只能让顾客了解产品的外观，无法得知其使用效果，顾客自然也就无法放心购买。

当顾客提出这类异议时，导购不要和顾客在有无样品这个问题上产生争执，而要让他们明白产品的实际使用效果，以使其放心。导购可以利用同类产品让顾客感受产品的材质，了解产品的使用效果。

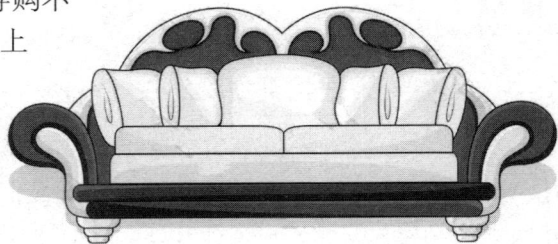

YES 实战强化训练

导购："先生，我很理解您的这种想法。如果只看图片，我们的确无法感受到产品的实际使用效果。这款产品和那款产品（给顾客指另一款有样品的产品）属于同一系列，使用的材质和技术一模一样，只是在外观上有一些区别。因为我们展厅面积不大，所以没有足够的空间同时摆放这两款产品，不过您放心，无论大小、高矮，这两款产品都相差不了多少，而这款产品在外观设计上更大气，所以卖得很好。"

金牌技巧点拨

导购首先向顾客表示理解，然后利用对比法让顾客了解同类产品，感受产品的材质和使用效果，并重点强调正在推荐的产品在外观设计上的优势，以此来打动顾客购买这款产品。

76 **情景演练** **顾客说："我到别的店比较一下再做决定"**

NO ✗ 错误应对示例

1. "我们店的产品肯定是最便宜的，您不用比了。"

| 高手指点 | 顾客购买家居产品时看中的不单单是价格，还要看产品的质量，便宜并不是成交的绝对理由。 |

2. "其他店的产品肯定没有我们的齐全，也没有我们的质量好。"

| 高手指点 | 在跟顾客沟通时，导购以贬低对手的方式来抬高自己，难以获得顾客的信任。 |

WHY 深度情景解析

顾客在购物时经常会把"货比三家"作为推托之辞，其实这是对导购并不完全信任的表现。当顾客提出再比较一下时，导购要知道这其实是一个明确的促成信号，如果在此时任由顾客离开门店，顾客将很难再次踏入门店。

因此，在原则上，导购不能轻易就让顾客离开；在思想上，导购要对自己的产品充满信心，坚信能给顾客带来最大的利益；在行动上，不要与顾客在细节上纠缠，对顾客比较的行为表示理解和赞同；在语言上，导购要向顾客强调把时间放在享受产品上，而不是无休止的比较上。最后利用开单、包装等手段促使顾客当场做出购买决定。

YES ✓ 实战强化训练 1

导购："先生，我十分理解您的想法，可以看得出来，您在购买产品时很理性。我们可以明确几个选择家居产品的关键：一是产品的质量，刚才我们看中的那款产品是国际一流品牌，质量您完全可以放心；二是服务，我们每一位同事都能为您提供最优质的服务，一定会令您满意；三是价格，现在市场透明度很高，同品牌不存在价格比较，不同品牌也没有可比性；四是门店口碑，我们店铺已经开了十几年了，口碑一直不错。既然这几点都很明确，我想您也就不必再花费时间去做比较了，您一定能做出正确的决定。"

金牌技巧点拨

导购首先对顾客要比较的行为表示理解，并适当地恭维顾客，然后从选择家居的关键点来说服顾客要把时间放在享受上，最后再次赞美顾客，让顾客难以拒绝导购的推荐。

YES ✓ 实战强化训练2

导购："先生，现在家居品牌和专卖店都很多，比来比去就更难做出选择了。选择家居产品主要是根据自己家的装修风格来决定的，我给您推荐的产品能完全满足您家的装修风格，而且我们的库存货源已经不多了，您要是错过这款产品就太可惜了。说实话，咱们应该把时间花在享受产品上而不是无数次的比较上。如果您还有什么地方不满意，可以告诉我，我会尽全力满足您的需要。"

金牌技巧点拨

导购坚信自己的产品能给顾客带来最大的利益，并提醒顾客库存紧张，这能让顾客感觉到时间的紧迫性，最后导购建议顾客把时间花在享受产品上，并承诺为顾客提供良好的服务，这样做更容易留住顾客。

77 情景演练 顾客说："这款产品的设计不错，但体积太大"

NO ✗ 错误应对示例

1. "不会啊，一点儿也不大。"

高手指点 导购没有依据，随口乱说，无法令顾客信服。

2. "这样啊，那您看看其他款式吧。"

高手指点 这只会让顾客认为导购根本没有站在自己的角度考虑问题。

WHY 一 深度情景解析

顾客之所以会出现这种异议，主要有两种原因，一是顾客对自己的需求并不太明晰，或者由于受到客观环境的影响而出现视觉上的误差；二是导购没有准确理解顾客的需求，导致出现"驴唇不对马嘴"的情况。

因此，导购在向顾客介绍产品时要密切关注顾客的反应，根据顾客的质疑及时调整介绍产品的策略。

在遇到顾客的这种异议时，导购首先要询问顾客质疑的原因，找到其真实需求，并对其质疑进行有效的解释，还可以利用顾客见证来说服顾客，使其放心这款产品的使用效果；如果发现自己对顾客的需求理解不正确，导购就要重新挖掘顾客的需求，调整介绍的方向，为其推荐其他更合适的产品。

YES √ 实战强化训练1

导购："美女，我刚才听您说您想买一张稍微大一点儿的床，所以我就为您推荐了这一款，可能是我没有完全理解您的意思，您不喜欢这种加长、加宽的床吗？"

顾客："不是不喜欢，我想要一张 2 米×1.8 米的床，但这张床也未免太大了吧？"

导购："美女，这张床看起来的确挺大，但它的尺寸就是您想要的 2 米×1.8 米，可能是我们店里的光线和空间的原因让您觉得它太大吧，但实际上并不大。"

顾客："原来这是我的错觉啊！"

导购："嗯，如果您不放心，可以拿卷尺自己测量一下。"

金牌技巧点拨

导购强调店里的客观因素导致问题发生，通过让顾客实际验证来打消其质疑，这样更有说服力。

YES √ 实战强化训练2

导购："先生，您觉得这款沙发太大吗？一般来说，在 30 平方米的客厅里放置这种尺寸的沙发不会显得很大的。您为什么会这么想呢？"

顾客："我家客厅还要分出一部分做餐厅，所以这个尺寸的沙发就显得有些大了。"

导购："原来是这样啊，很抱歉先生，是我理解错了您的意思。那我再帮您介绍几款小一点儿的沙发吧！按您说的情况，这种尺寸的沙发比较适合您。"

金牌技巧点拨

导购在发现自己对顾客的需求把握不当时，没有过多纠缠，而是道歉之后马上为顾客推荐其他更合适的产品，把握其真实需求，进而加大成交的可能性。

78 情景演练 在顾客购买后进行关联销售

NO ✗ 错误应对示例

1. "您不再看看其他家居？"

> **高手指点** 这种说法会引起顾客的警惕，而且容易得到顾客的否定回答。

2. "欢迎下次再来。"

> **高手指点** 没有关联销售意识，无法引起顾客的关联购买兴趣。

WHY 深度情景解析

顾客同意购买产品，表明导购的工作取得了阶段性成果。为了扩大销售，导购应该尽可能把握住顾客仍在门店逗留的时间，刺激其对其他产品产生购买欲望，进而再次购买。

在进行关联销售时，导购可以向顾客介绍产品的配套产品，比如顾客购买了一套厨房的橱柜，导购就可以建议其购买同系列的餐边柜。导购也可以向顾客介绍产品的配饰，比如顾客购买了一张床，导购可以向其销售床上用品。

在具体的关联销售过程中，导购要把握以下两点。

（1）赞扬顾客已购买的产品，增强顾客的购买信心；

（2）向顾客提出一些与已购买产品相关的问题，引起顾客的好奇或者痛苦，再提出问题的解决方案，最后以适当的优惠诱导顾客做出决定。

YES ✓ 实战强化训练 1

导购："美女，恭喜您拥有了一套这么漂亮的沙发，这套新款式的欧式沙发肯定会让您拥有一个惬意的家居生活！这套沙发还有一个配套的小茶几，您有没有兴趣看一看？"

顾客："是吗？这个茶几是什么样子的？"

导购："茶几的风格和这款沙发是相互搭配的，我带您看看吧？"

金牌技巧点拨

导购售出产品后强调其配套产品，引起顾客的兴趣，从而转向配套产品的介绍，以尽可能促成交易成功。

YES ✓ 实战强化训练 2

导购："先生，恭喜您拥有了一套漂亮的枫木板，这可是现在最漂亮的一种板材了。我想您一定希望可以长久保持它的美丽花纹吧？"

顾客："是啊，有什么办法可以一直让它这么漂亮吗？"

导购："当然有了，您可以使用我们的××底漆。"

顾客："哦，这种底漆的耐黄性好吗？"

导购："这种底漆的耐黄性非常好，到目前为止，它是装修市场上耐黄性最好的底漆。您看，我们这里摆放了很多样品，都是用了这种底漆，这么长时间了，根本没有变黄的痕迹。"

顾客："这种底漆的价格怎么样？"

导购："每平方米板材所需要的底漆价格大概是 15 元。"

顾客："我觉得太贵了，能不能便宜一点儿？"

导购："先生，这么好的枫木板材肯定要用好底漆，这样才能有最好的效果。这样吧，看您这么想要，而且您也是我们的老顾客了，给您打九折吧！那现在我帮您计算一下用量吧？"

金牌技巧点拨

导购首先针对已售出的产品提出问题，为顾客制造问题，刺激其产生其他需求，然后提出解决问题的方案，并用实证来让顾客信服。

79 情景演练 顾客认为自己没必要买太好的产品

NO ✗ 错误应对示例

1. "那您就别买这个了，买个便宜的吧！"

| 高手指点 | 这种说法有嫌弃顾客没钱购买产品的意思，对顾客不太尊重。 |

2. "您是不是没带够钱？没关系，可以先交订金。"

| 高手指点 | 顾客不买产品不一定是因为没钱，也有可能就是对产品不认可，觉得没必要。导购直接把原因归为没钱，不仅伤了顾客的面子，也反映出导购考虑问题片面，无法获得顾客的信任。 |

WHY 一 深度情景解析

现在人们的生活节奏非常快，顾客在购买产品时更关注产品给他带来哪些利益，所以抓住利益就等于抓住了顾客的心。顾客觉得没必要花太多钱购买一件产品，说明他还没有意识到该产品能够给他带来哪些好处。

这时，导购就要循序渐进地向顾客介绍产品的众多功能，说明这些功能可以给他带来哪些便利，再强调这样的好产品卖这样的价格是十分优惠的，以此来激发顾客对产品的需求。

当然，有时顾客可能真的没有那么多预算，导购不要强求，可以转介绍一些物美价廉的产品，但要注意措辞，不能让顾客觉得自己被瞧不起。

YES ✓ 实战强化训练

顾客： "产品是不错，但功能太多了，很多功能几乎用不到，没必要买这么好的。"

导购： "先生，这套整体浴室的功能确实很多，而且性价比很高，所以自推出以来，它的销量就一直保持在我们店的销量榜单前三位。浴室算是一个大件耐用品，安装好以后在短时间内不会再更换，所以一定要买性能好的。另外，您说有些功能用不上，没准您的家人用得上呢？这些功能都是有用处的，都是为了丰富人们的家居生活。您也不妨体验一下其他功能，说不定就可以体会到它的独到之处了。"

金牌技巧点拨

导购从产品的性价比和功能设计上的普适性来刺激顾客产生购买需求，最后让顾客设想自己使用产品的感受，进一步增加了顾客对该产品功能体验方面的憧憬。

80 情景演练 请求老客户推荐新客户

NO ✕ 错误应对示例

1. "您还得帮我们多宣传一下啊！"

高手指点 导购只是做好了分内的工作，只凭这一句话是没有办法让顾客愿意为你宣传的。

2. "谢谢光临，请慢走！"

高手指点 这种做法只是做成了一次交易，并没有要求顾客转介绍的意识。

WHY 深度情景解析

如果顾客对产品的使用效果和导购的服务非常满意，一般会主动进行推荐和转介绍。因此，导购要想让顾客主动推荐新顾客，就要做出让顾客满意甚至感动的服务。

导购让老顾客推荐新顾客的技巧如下。

（1）在成交1周后打电话回访；

（2）询问老顾客产品的使用效果与产品是否存在问题；

（3）向顾客介绍产品的使用方法和保养技巧；

（4）在发现顾客十分满意后，及时请求顾客推荐新顾客。

YES ✓ 实战强化训练1

（顾客购物1周后，导购拨打回访电话）

导购："刘女士，您好！我是××品牌的小王，这次给您打电话是想了解一下您对上次购买的橱柜感觉怎么样？"

顾客："是你啊！嗯，这款橱柜用起来感觉不错。"

导购："那就好，您满意就是我们最大的心愿。如果您以后在使用时遇到什么问题，尽管给我打电话，我会尽量帮您处理。还有，刘女士，如果您身边有朋友或同事想要买家居，希望您可以帮我们推荐一下，好吗？"

金牌技巧点拨

导购进行电话回访，首先询问顾客使用产品的感受，在确定顾客满意之后，再一次强调售后服务，并提出让顾客帮忙推荐的请求。一般来说，顾客是不会拒绝这种请求的。

YES ✔ 实战强化训练 2

导购："王女士，您好！我是××品牌的销售员小李，这次给您打电话是想了解一下您上次购买的沙发，您用着还好吧？"

顾客："嗯，用起来感觉不错。"

导购："所以我说女士您的眼光好。对了，这几天我又查到了几个沙发的保养技巧，我给您说说吧。您可以记一下……（介绍沙发的保养知识与技巧）女士，您都听清楚了吗？以后要是有什么问题，尽管给我打电话。对了，要是您的邻居或者亲朋好友想要买沙发，您可以让他们来找我，好吗？"

顾客："好的，你这么热心，要是有人打算买，我肯定向他们介绍你。"

导购："那我先谢谢您了！"

金牌技巧点拨

导购进行电话回访，首先询问顾客使用产品的感受，在确定顾客满意之后，向顾客介绍了一些保养知识和技巧，并强调自己的售后服务，也就是可以随时解答顾客的问题，最后提出让顾客帮忙推荐的请求。顾客在非常满意的情况下，自然会答应这一请求。

YES ✓ 实战强化训练 3

导购: "吴先生,恭喜您买到了称心如意的家居,也非常希望您可以向朋友推荐我们。如果有机会,欢迎您带朋友们到店里来。"

顾客: "嗯,我肯定会帮你们介绍顾客的。"

导购: "那真是太感谢了! 吴先生,您真是一位热心人,您现在可不可以重点推荐几位顾客呢? 如果不耽误您的时间,现在您能留下他们的联系方式吗? 您的朋友就是我们的朋友,我们一定会为他们提供满意的服务。"

顾客: "好的,我给您几个手机号码吧,他们最近正准备装修呢!"

导购: "吴先生,要是您不介意的话,我可不可以现在就联系您的朋友?"

顾客: "没事,你打吧。"

金牌技巧点拨

导购在看到顾客十分满意产品后,主动请求顾客转介绍;在得到顾客同意后,先称赞顾客热心,然后提出进一步的请求,让顾客留下朋友的联系方式,并承诺一定为顾客的朋友提供满意的服务;最后,导购请求当着顾客的面打通其朋友的电话,以便于顾客在一旁帮助自己说好话,这样更有利于促进销售。

SALES
eloquence training

第7章

Chapter 07

送货安装环节情景
口才训练与实战技巧

销售口才

　　送货安装服务是家居建材销售的自然延伸，家居建材产品及其品牌给顾客留下的印象很大程度上取决于送货安装这一过程。实际上，送货安装属于二次销售的开始，是决定顾客能否成为忠实顾客的关键所在。

81 情景演练 顾客担忧产品的安装质量

NO ✗ 错误应对示例

1. "我们有专业的安装队伍。"

高手指点 尽管非常自信，但只是自卖自夸，缺乏让顾客认可的证据，顾客无法相信，仍会存在顾虑。

2. "您可以监督我们安装。"

高手指点 导购这种答复过于敷衍，应该告诉顾客一种有效的验收方式，同时告诉顾客使用时的注意事项。

WHY 深度情景解析

对于家居建材产品而言，其安装质量和产品质量是同等重要的，都是顾客非常关心的问题。家居建材产品的安装质量不仅影响到产品的实际使用效果，还在一定程度上影响到顾客及其身边人的人身和财产安全。

商家要重视安装问题，建立产品安装质量书面确认制度，提升企业的售后服务质量，这样可以有效地减少和避免类似纠纷。顾客在询问这类问题时，导购一定要正面回答，要让顾客知道商家保证产品安装质量的措施，比如，请顾客最后验收确认，确保顾客满意以后再结束安装；公司组织专门的安装队伍，以确保高质、及时地完成验收，从而使顾客放心使用。

YES ✓ 实战强化训练 1

导购："先生，我们和您一样，都很关心产品的安装质量，因为这直接关系到您使用产品的感受，也关系到您对我们品牌的印象。为了确保安装质量，我们公司制定了很多措施：首先，必须是您本人或您授权委托的人员在场的情况下我们才会安装，这样我们便能按照您的要求工作；其次，在安装结束后，只有您签字确认以后我们才能收工；最后，安装完成以后，我们会在 1 周之内给您打电话，了解您的使用状况，一旦有问题我们可以及时解决。"

金牌技巧点拨

导购强调了安装必须在顾客同意且在场的情况下进行，并得到顾客的签字认可后收工，1 周内进行回访等，使顾客逐渐消除安装的后顾之忧。

YES ✓ 实战强化训练 2

导购："美女，我十分理解您的想法，安装质量的确至关重要。在这一点上您尽管放心，我们特意组建了一支专业的安装队伍来保证地板的铺装质量，并且服务的速度更快。与外聘施工队相比，自己组建的队伍在安装时更细心、更负责，更能有效管理，所以您完全不必担心。"

金牌技巧点拨

导购强调了商家有专门的安装队伍，可以更有针对性地进行安装，保证安装质量，从而消除顾客对安装质量的顾虑。

YES ✓ 实战强化训练 3

导购："先生，我们和您一样，也十分关心家居产品的安装质量，尤其是我们这家店的老板，他十分关注顾客的使用感受，经常到安装现场检查验收，如果您在安装时看到一个穿着蓝色工装、戴一顶红帽子的人，那就是我们的老板，有任何问题或者意见都可以和他交流，他一定会采纳您的意见，耐心帮您解决问题。"

金牌技巧点拨

导购向顾客强调老板十分关注顾客的使用感受，耐心听取顾客的反馈，并在安装现场检查验收，以确保安装质量。这样的老板会让顾客非常放心，即使有问题也会随时得到解决，顾客便可以减少对安装质量的顾虑。

82 情景演练 向顾客介绍送货安装人员上门服务规范

NO ✕ 错误应对示例

1. 顾客："什么时间给我安装？"
   导购："您在家等着就行了，到时候会有安装人员和您联系。"

高手指点	导购并没有真正回答顾客的问题，会让顾客没有安全感，心里也会十分不悦。

2. 顾客："安装在什么位置最合适？"
   导购："安装位置由您自己选定。"

高手指点	导购没有向顾客介绍安装时的工作规范，反而以一句由顾客自己选定搪塞过去，并没有切实解决顾客的问题。

WHY ✐ 深度情景解析

作为与顾客直接接触的最后一个环节，送货安装人员代表了企业，其上门服务规范也直接关系着顾客对品牌的印象。很多企业通过良好的安装服务，可以实现 30% 以上的顾客转介绍或重复购买。而很多企业打了很多广告，知名度提升了不少，但因为没有注重安装环节，顾客纷纷投诉，其品牌形象反而降低了不少。

可见，送货安装服务人员的行为直接影响着顾客的重复购买和转介绍，只有良好的服务规范才能获得顾客认可。因此，企业一定要重视送货安装人员的上门服务，严格制定服务规范，用最好的服务赢得顾客认可。

安装和维修人员的服务规范如下。

（1）进门前按一声门铃（或轻轻敲门三下），退后一步站好，10 秒后无应答重复上述过程。当顾客开门后，服务人员要主动打招呼，并面带微笑、热情地做自我介绍，在得到顾客允许后再进入屋内，并根据顾客的意见决定是否脱鞋或穿鞋套。

（2）安装时要和顾客协商选定安装位置，尽量满足顾客的要求，假如无法满足其要求，则要耐心向其说明缘由，获得顾客的谅解。

（3）安装时要严格按照流程操作，要求技术熟练，动作麻利。如果需要顾客帮忙，则应对其表示感谢。

（4）安装或维修时要注意室内环境，布置好工作现场。一旦需要移动家居或其他物品，应与顾客协商，征得其同意后才可以移动。

（5）在服务过程中应注意维护顾客家中的卫生，如果在工作时使顾客家中变得比较脏乱，在工作完成后应打扫、擦拭干净。

（6）工作结束后要礼貌地向顾客道别，出门时要面向顾客轻轻退出，然后将门关闭。

YES ✓ 实战强化训练 1

导购："××先生，我们会在上门安装的前一天联系您，并严格按照既定时间上门服务，如果的确由于特殊情况无法准时到达，我们会提前打电话通知您。我们的安装人员上门服务时会穿戴特制的服装和鞋套，铺上地毯。工作结束以后也会整理好现场卫生，保证您家里干净、整洁。"

> **金牌技巧点拨**
>
> 导购向顾客介绍送货安装服务的时间规定和上门服务的着装规范与工作规范，这种严格的服务规范会指导服务人员为顾客提供满意的服务。

YES ✓ 实战强化训练 2

送货员："××先生，您好，我是××公司的送货员。这是您×月×日在我们店里订购的××产品，公司安排我来为您安装，等我安装好后还要劳驾您验收一下。"

> **金牌技巧点拨**
>
> 送货安装人员上门时介绍自己的身份、企业、品牌等，客气且热情地向顾客表达了安装完毕后需顾客进行验收的请求。

YES ✓ 实战强化训练 3

安装人员："××先生，您觉得这件产品适合放在哪个位置？"（安装时）"先生，我们在安装这件产品时需要挪动您家里的沙发，您看可以吗？"

金牌技巧点拨

安装人员和顾客协商选定安装位置，然后在安装时和顾客协商挪动家具，获得顾客同意，这种工作态度一般会让顾客非常满意。

YES ✓ 实战强化训练4

安装人员： "××女士，我们已经为您安装好壁柜，请您检查验收一下，如果没问题，请您在安装单上签字。如果您在使用过程中遇到问题，可以随时拨打我们公司的售后服务电话，我们会及时为您提供帮助。打扰您了，谢谢您的合作，再见！"

金牌技巧点拨

送货安装人员在安装完毕以后礼貌地让顾客进行验收并签字，并对今后使用过程中遇到的问题给出了解决方案。

83 情景演练 顾客询问安装不当造成的损失应如何处理

NO ✗ 错误应对示例

1. "我们都是专业的安装人员，不会出现您说的这种问题。"

高手指点	导购的话语无凭无据，不能令顾客信服。

2. "我们没有出现过这种问题。"

高手指点	导购过于自信，且空口无凭。

WHY 深度情景解析

安装是销售的重要环节，业内甚至有"三分销售，七分安装"的说法，商家在安装的任何一个环节处理不当，都很难让顾客重复购买，反而会增加大量的顾客投诉。

导购在处理顾客的这类异议时，首先要帮助顾客坚定信心，从产品品牌的角度让顾客相信不会出现这种问题；其次是增强顾客对专业安装队伍的信心，比如安装返修率极低、安装技术人员十分专业等；最后向顾客承诺服务保障，即一旦出现问题会得到及时赔偿，并将口头承诺变为书面承诺，同时介绍先行赔付的规定，以让顾客完全放心。

YES ✓ 实战强化训练 1

导购："先生，您对此可完全放心。我相信您之所以选择我们的产品，也是因为信任我们的产品品质。以我自己的经历来说，我销售该品牌产品有 5 年时间了，从来没有遇到过因质量问题被顾客投诉的情况。俗话说，'没有金刚钻，不揽瓷器活'，正是因为我们可以保证安装的质量，才会主动为顾客安装，否则等于砸自己的牌子。您放心，如果您发现安装质量有问题，给您造成了损失，我们一定会原价赔偿。您要是还不放心，我们可以在合同里写清楚，这样您就放心了吧？"

金牌技巧点拨

导购强化顾客对品牌的信心，提出如果出现问题负责赔偿，并把口头承诺变成书面承诺，以最大限度地减少顾客对安装质量的担忧。

YES ✓ 实战强化训练 2

导购："美女，我理解您的想法，请您放心，如果在安装时我们的工作人员出现失误，损坏了您家里的物品，我们会原价赔偿；如果我们不小心损失了原材料，也会负责赔偿。总之，一旦出现安装质量问题，不管是维修还是赔偿，我们都会负责到底，直到让您满意为止。"

金牌技巧点拨

对于顾客提出的担忧，导购从各个方面指出公司会负全责的承诺，从而让顾客安心购买。

YES ✓ 实战强化训练 3

导购："先生，我很理解您的这个想法，因为装修对一个家庭来说是一件大事，如果出了问题会非常麻烦。我们公司对此规定，一旦产品在后期出现问题，不管是不是我们的责任，我们都会先行赔付，以补偿您的损失。假如经过调查之后发现的确是我们的责任，我们还会相应地对您进行其他赔偿，不知道这样您是否满意？"

金牌技巧点拨

导购强调公司先行赔付的规定，这样可以确保顾客的利益在产品质量出现问题时不会受到损坏，顾客会更加放心地购买产品。

84 情景演练 顾客询问安装前需要做哪些准备工作

NO ✕ 错误应对示例

1. "您什么都不用准备，我们的工作人员直接去就成了。"

| 高手指点 | 导购的这种回答过于绝对不够具体，难以令顾客满意。 |

2. ……（沉默不语）

| 高手指点 | 沉默显示了导购的不专业，这会让顾客产生怀疑，甚至放弃购买。 |

WHY ◢ 深度情景解析

对于顾客来说，"安装前的准备工作"也是一个十分复杂的问题，而对于这类问题的回答也体现着导购的专业水平。如果提供的答案简单且有效，导购就能得到顾客的信赖，甚至促成顾客的重复购买和主动推荐。

在解答顾客的问题时，导购的回答不仅要专业、有用，而且要简单、易懂，毕竟顾客不是专业施工人员，如果导购说太多的术语，只会让顾客一头雾水，无法有效地开展准备工作。

为了向顾客解释得更清楚明了，导购在详细解释之后，还可以将主要的事情记录下来交给顾客，让顾客在准备时有所参照，便于应对。

YES ✓ 实战强化训练 1

导购: "先生,地板铺装一般是装修的最后一道工序,所以建议您把其他工序都完成以后再铺装地板,以免交叉施工;在专业施工人员上门安装前,希望您可以保持房间干燥通风,屋里的地面平整,不堆积杂物,最好利用空闲时间把凹凸不平的地方铲平;把已经铺好的水管、电线、暖气管的位置标示出来,以免施工人员在铺装地板时损坏管线;最后,请确认一下设计图和地板的安装方向、门槛石、铜条装饰等细节问题。确认完这几个问题,您就可以等施工人员上门了。"

顾客: "需要注意的事项可真多啊,我记不住怎么办呢?"

导购: "您不用担心,我已经把安装前需要做的一些准备工作记在一张纸上,您回去可以参考一下。"

金牌技巧点拨

导购详细地介绍了安装前顾客应该注意的细节,让顾客感受到商家工作的仔细和认真,从而更认可商家的服务。

YES ✓ 实战强化训练 2

导购: "您提的这个问题的确很重要。虽然您已经订购了我们这款集成吊顶,但我们现在还没有办法帮您安装,必须等到您卫生间和厨房的瓷砖都铺装好以后才行。您带着家里的户型图吗?"

顾客: "没有。"

导购: "哪天有时间您最好带户型图过来,我们先帮您做一下初步设计和预算;家里的瓷砖都铺好以后您就给我们打电话,第二天我们便会派出专门的工作人员上门测量;然后您要到我们这里确定设计方案和送货安装时间以及产品的其他细节,在这之后您就可以等着我们为您送货安装了。"

顾客: "听起来安装吊顶还挺复杂啊!"

导购: "您放心,安装过程中您只需看着就行了,再麻烦也是安装工人的事儿。在安装工人上门前,您要做的是安装好抽油烟机的软管和热水器,但暂时不用安装灯和浴霸等电器。您可以先把这些电器买下来,我们会在安装吊顶的时候按照您购买的电器尺寸开孔,并为您安装这些电器。这样吧,我先帮您画个图,把这个流程帮您写清楚吧!"

金牌技巧点拨

　　导购向顾客详细介绍安装流程，并主动提出画图来帮助顾客记忆，让顾客感觉到工作的认真体贴、细致入微，从而获得顾客的信赖。

85 情景演练 顾客没有收到货，要求退回订金

NO ✗ 错误应对示例

1. "对不起，这个我们也没办法，送货是总部统一安排的。"

> **高手指点** 导购是在推卸责任，会加深顾客对品牌的不良印象，激发顾客的不满情绪。

2. "已经发货了，再等一两天就到了。"

> **高手指点** 这种说法会让顾客更加生气，他会以为导购是在打空头支票。

WHY 一 深度情景解析

　　很多时候，由于各种因素的影响，商家并没有兑现导购给顾客的承诺，这让顾客非常不满。不遵守承诺的确是一个非常严重的问题，不管缘由如何，顾客肯定会不满，在这种情况下，导购不管如何解释都会让顾客认为是一种借口，从而更加生气。

　　因此，导购在处理顾客的这类异议时，首先要诚恳致歉，然后简单说一下未能及时送货的原因，恳求顾客谅解，并立即协调各方关系，抓紧时间把产品送到顾客的手中，帮助顾客解决问题，使其得到满意的答复。

YES ✓ 实战强化训练 1

　　导购： "不好意思，赵女士，真的非常抱歉！由于我们的工作出现失误，导致您没有在预定时间收到组合柜，给您添麻烦了，请您原谅。是这样的，因为这批产品断了货，但相关人员以为能够赶得上进度，所以没有及时通知您，真不好意思。我现在马上联系一下，看他们什么时候可以发货，稍等一下。（几分

钟后）赵女士，我刚才帮您打电话确认了，您买的组合柜今晚就可以出货，大概后天下午5点之前就可以送到。实在不好意思，给您添麻烦了！"

金牌技巧点拨

导购真诚地向顾客道歉，并简单解释了没能送货的原因，然后迅速帮助顾客联系相关人员，确认了到货时间，帮助顾客解决了问题。其实，顾客的抱怨很多时候是为了解决问题，一旦导购为他们解决了问题，他们的抱怨往往也会逐渐平息下去。

YES ✓ 实战强化训练 2

导购："李女士，真对不起，让您这么远跑过来，您先坐在沙发上喝杯水，我帮您问一下。（几分钟后）李女士，是这样的，由于厂家在生产过程中遇到了阴雨天气，天气比较潮湿，导致使用的胶无法及时风干，为了保证质量，厂家只好延长产品的生产期限，所以耽误了给您送货，真是抱歉啊！我打电话确认过了，现在这批产品已经制作完成，后天就可以给您送货了。"

顾客："真是的，你们应该提前告诉我一声啊，我昨天在家里等得着急死了！"

导购："十分抱歉，请您原谅我们工作的失误。为了表示我们的歉意，我送您一份小礼物，以后我们不会再出现这样的问题。"

金牌技巧点拨

导购诚恳地给顾客道歉，并给出合理的原因，但并没有在这个原因上过多纠缠，而是联系厂家确认产品进度，帮助顾客解决问题，并送顾客小礼物以获得顾客谅解，保证以后不再出现这样的问题，从而使顾客放心。

YES ✓ 实战强化训练 3

导购："先生，十分抱歉！由于送货员记错了时间，导致您没能按时收到货，我们的失误给您带来了不便，真是不好意思，希望您能原谅。请您稍等，我现在打个电话询问一下，看怎样帮您把这个问题解决了。您放心，我一定会给您一个满意的答复。"（过了一会儿）"我刚帮您确认了一下，明天下午5点您在家吗？如果可以的话，我们就安排送货员在这个时间为您送货。给您添麻烦了，真不好意思！"

金牌技巧点拨

　　导购诚恳地向顾客道歉，并努力为顾客解决问题，这种努力让顾客看在眼里，再加上顾客反映的问题的确得到了解决，送货的失误一般会得到谅解。

86 情景演练 顾客抱怨送货员在搬运时把送来的货磕坏了

NO ✗ 错误应对示例

1. "我们从来都没出现过这种问题。"

| 高手指点 | 导购的回答是一种典型的强势回答，会让顾客认为是在顶撞他，且拒不承认错误，顾客肯定不会接受。 |

2. "送货的是我们雇的人，他们出了问题请您去找他们。"

| 高手指点 | 这是一种推卸责任的说法，会让顾客很不舒服，甚至要求退货。 |

3. "这怎么可能？"

| 高手指点 | 这是在质疑顾客的说法，相当于说顾客说谎了，肯定会让顾客十分不悦，甚至会引起争执。 |

WHY 深度情景解析

　　很多家居建材产品的体积很大，而且不能磕碰，在搬运或安装过程中一不小心就容易出现碰撞、损坏现象。由于送货员的失误，崭新的家居产品还未使用便出现磕碰，这对于顾客来说是一件难以接受的事情，他们肯定会想要向商家讨个说法。如果这时导购无法做出满意的答复，就会让顾客更加愤怒，甚至要求退货，使交易失败。

　　在处理这类问题时，导购最重要的是让顾客感受到你为他解决问题的良

好态度，不论是谁的责任，都要第一时间处理其投诉，耐心地听顾客描述问题，表达歉意和同情心，安抚顾客的愤怒和急躁情绪，让顾客以平和的态度继续沟通；同时尽快寻找解决问题的办法，使顾客最后感到满意。

YES ✔ 实战强化训练

导购："王女士，别着急，您跟我说说是哪里磕坏了？"

顾客："送货员帮我把茶几搬到客厅，可手一滑，茶几掉地上了，茶几倒是没摔碎，但出现了裂纹，还磕坏了一个角，我这新买的茶几，还没用呢，就成这样了，真闹心！"

导购："原来是这样啊，我很理解您心里的想法，这的确让人很难受。"

顾客："对啊！你说这怎么办？"

导购："请您稍等，我向老板说一下情况。（过了一会儿）是这样的，王女士，我向老板反映这个问题以后，老板说既然是我们送货员的失误，我们肯定会负责，可以给您再换一套新的。周日给您送过去好吗？"

顾客："那好吧，周日我在家。"

导购："实在是不好意思，我们的失误给您添麻烦了。为了表示歉意，我们再赠送您一份小礼物，希望您不要对我们的产品失去信心，可以继续支持我们。"

金牌技巧点拨

导购通过请示领导，很快便为顾客更换新的产品，并为顾客赠送礼物，以让顾客感到满意。

---

87 情景演练 顾客抱怨"货不对板"

NO ✘ 错误应对示例

1. "您打电话给送货部门吧，我们管不了。"

高手指点 导购的回答是一种推卸责任的说法，只会让顾客质疑其专业性。

2. "我们从来没出过这种问题，不会是您看错了吧？"

高手 指点	导购过于自信和强势，但没有证据证实自己的说法，且在质疑顾客，这会让顾客很反感。

3. "不会吧，我们送的就是您看中的那款产品啊！"

高手 指点	这相当于在质疑顾客说谎，认为顾客"鸡蛋里挑骨头"，会让顾客十分不悦，甚至要求退货。

WHY ⌐ 深度情景解析

在家居建材行业，"货不对板"是一件令顾客十分生气的事情。所谓"货不对板"，是指收到的货物或者商品与事先承诺的外观、型号、材料、质量或品牌不符。顾客遇到这种情况时，一般会认为商家欺骗他们，所以会强烈不满，很多顾客会第一时间向导购或商家讨要说法，假如导购无法给出满意的答复，顾客就会要求退货，甚至对公司的口碑造成不利影响。

导购在处理这类异议时，首先要沉着冷静，站在顾客的角度，对其愤怒情绪表示理解，然后询问顾客"货不对板"的具体情况。如果情况属实，导购要诚恳道歉，并协调相关人员为顾客调换产品，帮助顾客解决问题；如果这只是顾客的感觉而已，导购就要向顾客做出详细的解释，使顾客相信产品与样品其实是一致的。

YES ☑ 实战强化训练 1

导购："女士，我非常理解您现在的心情，请您不要着急，我们一定会给您一个满意的答复。您先在沙发上坐一会儿，我打电话问一下情况。"（几分钟后）（只是顾客的感觉而已，其实产品与样品是一致的）"是这样的，女士，您订购的地板是××系列的××款式，颜色为浅色，是吗？"

顾客："对。"

导购："我刚才核对了一下送货单，送货员给您送的地板确实是这一款，和样品一样，材质都是枫木板材，这确实没有问题。"

顾客："那我摸起来怎么感觉和样品差别很大啊？给我送的地板很明显要粗糙得多。"

导购："不好意思，有一点我忘记给您介绍了。为了保护样品，我们在表面涂了一种保护漆，所以看起来更亮，摸起来也更光滑。而刚刚给您送过去的产品还没有安装，所以还没有涂这种保护漆，可能让您误以为制作的材料不一样，这一点请您原谅。您放心，我们在安装地板时肯定会为您的地板涂上这种保护漆，到时候您购买的产品自然会和我们展示的样品一样。"

金牌技巧点拨

导购在发现顾客误解以后，耐心地向顾客解释了原因，让顾客相信产品与样品是一致的，从而获得顾客的认可。

YES ✓ 实战强化训练 2

导购："李先生，实在对不起，由于我们的库房人员把关不严，工作出现了失误，给您添麻烦了，希望您能原谅！这样吧，我们这就为您更换一套同样的产品，马上安排人为您送货。您放心，这一次我们的库房人员肯定会好好检查，不会再发生这种问题。为了表示我们的歉意，我们送您一个小床柜吧，希望您能继续支持我们。"

金牌技巧点拨

导购向顾客主动承认错误，同时安排换货服务，并主动提出给顾客赠品，以得到顾客的谅解。

88 情景演练 顾客抱怨工人不专业，要求换成专业的人员

NO ✗ 错误应对示例

1. "不会啊，我们的工人是很专业的。"

高手指点 这种回答口说无凭，没有说服力，很难让顾客认同。

2. "我也无能为力，这都是公司派的人，我管不了。"

高手指点 导购的说法属于推卸责任，会让顾客觉得十分不负责，无法获得顾客的信任，难以消除顾客的埋怨。

WHY 🔸 **深度情景解析**

　　顾客投诉安装工人不专业，很大程度上是源于以下几种情况：一是安装工人的专业技能不达标，操作有问题，甚至损坏了产品；二是安装工人没有良好的工作态度，不认真工作，导致装修进度迟缓，或者损坏了产品。这些都严重损害了顾客的权益，导购必须重视。

　　在处理这类异议时，导购必须严肃认真对待，不能拖延、敷衍。导购首先要承认错误，向顾客真诚道歉，然后询问具体的情况，寻找出现问题的原因。如果顾客反映的情况属实，要求合理，导购应该立即上报领导，要求及时更换施工人员；如果只是顾客的误会，导购也要冷静地沟通，向顾客解释清楚，让顾客满意。

YES ✅ **实战强化训练 1**

　　导购："王女士，很抱歉，由于我们管理不善，给您添麻烦了。您能具体说说是什么问题吗？"

　　顾客："我等了好多天了，你们的施工人员还没有来。"

　　导购："是这样啊，我明白了。您先别着急，我现在立即处理这个问题。您稍等一下，我现在就向安装部的工作人员和施工人员说明这个问题，提醒他们马上给您安装。如果您还等不到他们，我们会为您换一批负责的安装人员。实在不好意思，给您添麻烦了。"

　　金牌技巧点拨

　　导购首先安抚顾客情绪，并寻找问题出现的原因，然后及时进行处理，以达到顾客的满意。

YES ✅ **实战强化训练 2**

　　导购："很抱歉，我们工作上的失误给您带来了麻烦，我们肯定会为此承担责任。您先别急，可以给我说说到底哪里出了问题吗？"

顾客："你们的安装人员太不小心了，铺玻化砖时在地板砖上留下了黑色的橡皮锤印，难看死了，我怎么擦都擦不掉！"

导购："是这样啊，我非常理解您现在的心情。请您别太着急，这些印记是可以去掉的，我这就安排又细心又专业的安装人员帮您处理，下午去您家，您看可以吗？请您放心，一定会让您满意的！"

> **金牌技巧点拨**
>
> 导购首先对工作的失误向顾客表示了歉意，然后及时处理了顾客提出的问题，并保证一定会让顾客满意，从而获得顾客的谅解和认可。

YES ✓ 实战强化训练 3

导购："李先生，我非常理解您现在的感受，没能让您获得良好的服务，给您添麻烦了。您能跟我说说具体情况吗？"

顾客："你们工人工作态度不太好，比较闲散，干活拖沓，而且把我们家弄得乱七八糟。"

导购："很抱歉，这都是我们管理不到位造成的，真是不好意思！您放心，我这就重新安排工人为您施工，并向安装部门反映这一情况，对他们进行处罚，让他们给您一个说法。您看这样行吗？"

顾客："处罚倒不必了，批评他们一下就可以了。"

导购："李先生，您真是一个通情达理的人，我会把您的话转达给他们。这样吧，要不您再让他们为您服务一次，我相信这一次他们肯定会让您满意的。"

> **金牌技巧点拨**
>
> 导购采取了立即处理，为顾客出气的方法，让顾客产生对安装工人的同情，以此来争取顾客的谅解。

89 情景演练 顾客询问安装后的验收方法和验收标准

NO ✗ 错误应对示例

1. "我也不是很清楚，我不是专业人士。"

高手指点 导购认为自己不是专业安装人员，无须了解验收知识，这是非常错误的想法，只会让顾客怀疑其专业能力。

2. "到时候我们的安装负责人会给您具体介绍的。"

高手指点 这是一种推卸责任的说法，会让顾客觉得导购十分不负责任，不值得信任。

WHY 深度情景解析

如果顾客向导购询问安装后如何验收这类问题，这就说明顾客十分信任导购的专业度。安装后的验收问题对于顾客来说十分重要，因为顾客在装修方面并不是专业人士，也不熟悉安装服务的标准，无法判断安装服务是否达到规定，所以希望导购可以给予有效建议。

在处理顾客的这类异议时，导购要做到以下几点。

（1）导购要表现得非常专业，这样才能满足顾客的要求。导购的回答要专业、详细、具体，要让顾客感觉到你对这类问题了如指掌，更加信任你的专业能力。

（2）导购的语言要通俗易懂，这样顾客才容易理解和操作。

（3）导购要突出几个需要注意的重点和顾客容易忽视的内容，如地板的打磨光滑度、橱柜的抽屉等细节。

（4）导购要向顾客介绍安装合格和优秀的具体标准，并形成文字，让顾客可以参照。

YES ✓ 实战强化训练 1

导购："先生，我明白您的想法。地板的铺装验收工作确实很重要，因为这直接关系着地板的使用效果和使用寿命。下面我给您详细介绍一下地板的验收标准：第一，检查龙骨、垫木是否做过防腐处理。第二，检查地板面的铺钉是否牢固，不能出现松动、空鼓现象。第三，检查地板接缝是否紧密，接头位置是否错开。用脚踩一下，看是否松动，松动就说明不合格。第四，检查地板表面是否刨平、磨光、无刨痕，图案是否清晰，清油层面的颜色是否一致，图案方向是否

正确。第六，要检查踢脚板的接缝，表面高度应该和出墙厚度一致。您可以使用 2 米的靠尺检查，一般情况下，地面平整度误差要小于 1 毫米，缝隙宽度应小于 0.3 毫米，踢脚板上口平直度误差应小于 3 毫米，拼缝平直度误差应小于 2 毫米。第七，检查地板的硬木表面，看是否是由中间向四周铺钉，木板与墙面是否留有 5~10 毫米的膨胀间隙，且被墙脚线压住。最后，检查木地板表面打磨的光滑度。您可以在我们品牌的验收单上查看这些内容。"

金牌技巧点拨

　　导购向顾客具体、翔实地介绍了地板的铺装验收标准，展示了自己的专业知识，对顾客提出的问题给出了满意的回答。

YES ✓ 实战强化训练 2

　　导购："好的，先生，下面我就为您来详细介绍一下门窗的验收标准：第一，检查门窗的安装位置、开启方向以及连接方式是否符合设计要求；第二，检查安装是否牢固，开关是否灵活，门窗是否可以关严，有没有走扇、翘曲等现象；第三，查看板门是否有脱胶、刨透表层等现象；第四，检查门窗框和墙体间隙的填充材料是否饱满；第五，检查门窗表面，看是否有刨痕、锤印等不合格之处，割角接缝是否严密平整，框扇裁口是否顺直平整，压缝条、密封条与门窗的接合是否牢固、严密。我说得有些复杂，可能您也不一定记得住，不过您放心，您可以在我们的验收单上看到这些标准，到时候您只要一一核对并签字就可以了。"

金牌技巧点拨

　　导购逐条给出了验收标准，并细心地考虑到顾客可能记不住，提醒顾客在验收时根据验收单上的标准进行核对。导购的这种做法体现了自己的专业度和工作态度，很容易得到顾客的认可。

90 情景演练 顾客询问产品在安装后的保修期

NO ✗ 错误应对示例

1. "我们的家居提供终身服务。"

| 高手指点 | 这种回答又大又空，无法让顾客理解到底有什么服务。 |

2. "有问题您可以打售后服务电话。"

| 高手指点 | 导购的回答太敷衍，没有从根本上回答顾客的问题，显得很不负责。 |

WHY ✓ 深度情景解析

售后服务是指在产品出售以后，商家提供的各种服务活动。为顾客提供满意的售后服务，是保持顾客满意度和忠诚度的有效举措。

一般来说，家居产品要使用很长时间，一旦出现问题后不能得到有效解决，会让顾客十分头疼。售后服务是家居建材厂商给顾客提供的长期保障，而现在的顾客也越来越重视家居建材产品的售后服务。

在处理这种问题时，导购要向顾客详细介绍公司售后服务所包含的具体内容，比如产品的保修期限、退换货条件和范围、服务标准等，从而让顾客相信售后服务的质量。

此外，导购还可以告知顾客家居产品的保养方法，因为很多家居建材产品出现问题是使用不当造成的，提前告知其使用时的注意事项，可以大大减少出现问题的概率。

YES ✓ 实战强化训练 1

导购："女士，请您放心，我们一直以来都为顾客提供良好的售后服务。我们的地板免费保修 3 年，期间一旦出现问题，您只要打一个电话，我们的售后服务人员马上会为您处理。我们的售后服务人员非常专业，处理完以后，您就能像往常一样正常使用地板了。当然，如果地板不出现问题不更好吗？这样一来您也不必烦心了。其实，您只要平时注意保养，让室内环境的干湿程度保持稳定，一般不会出现问题。在打扫完以后，您最好用纯棉干软的拖把擦地，也可以使用专门的地板蜡，一定不要用热水、碱水、消毒水擦洗。"

金牌技巧点拨

导购向顾客介绍了售后服务，然后向顾客讲解如何保养产品能够延长使用寿命。这其实也是售后服务的一种，可以增加顾客对导购的信任和好感。

YES ✓ 实战强化训练 2

导购："周女士，我理解您的想法。您既然买了我们的家居，我们肯定会让您用得安心。我向您介绍一下我们公司的售后服务：在购买产品之后的 1 周内，您可以无条件退换货；如果在 3 个月之内您发现产品有质量问题，我们会为您更换全新的产品；我们提供 3 年免费维修服务，一旦产品出现问题，只要您打一个电话，我们马上派专人进行上门服务；另外，我们为您提供终身保修服务，只不过要收取少量的材料费。请您放心，我们的售后服务绝对会让您满意的！"

金牌技巧点拨

导购详细地向顾客介绍了售后服务中关于退换货和维修服务的内容，解答了顾客的疑问，从而可以使顾客相信售后服务的质量。

第 8 章

Chapter 08

解决售后投诉情景口才训练与实战技巧

销售口才

> 顾客投诉是一把双刃剑,处理得好可以有效提升品牌美誉度与顾客忠诚度,而处理不好则会损害品牌形象。因此,导购在处理顾客投诉时,一定要沉着冷静,尊重和理解顾客的做法,用真诚、细致、周到的服务来赢得顾客的好感。

91 情景演练 顾客抱怨产品表面有色差，要求退货

NO ✗ 错误应对示例

1. "可能是您房间的光线问题，换个角度摆放也许就没事了。"

| 高手指点 | 导购的回答是在找借口，难以被顾客接受。 |

2. "这是特价产品，一经售出，概不退还。"

| 高手指点 | 导购的回答极不负责任，这等于在说让顾客自认倒霉。 |

WHY 深度情景解析

很多家居建材企业收到过顾客的投诉，原因主要包括产品质量差、功能不全、实际情况与导购介绍的不一致等。如果导购不能很好地解决这些问题，顾客就会更加不满，甚至要求退换货。

如果顾客因为产品表面有色差进行投诉，导购要将企业的利益和顾客的利益综合考虑，找到二者的最佳结合点。首先，导购要认同顾客的感受，表示愿意提供帮助，并耐心地倾听顾客的抱怨；其次，在获知顾客投诉的原因后立即着手解决问题，或更换产品，或打折赔偿，也可以让顾客从两种方案中选择，以便于满足其要求。

YES ✓ 实战强化训练 1

导购："李女士，很抱歉，因为我们的失误给您添麻烦了，请问您具体遇到了什么问题？"

顾客："我买的这套衣橱的面板颜色一深一浅，一点儿都不好看！"

导购："原来是这样，这的确会影响您卧室的整体美观度，您看我们是为您重新换一套呢，还是给您一点儿补偿？"

顾客："重新送货就太麻烦了。"

导购："我们麻烦一些倒是不要紧，就是怕让您觉得麻烦。实话说，如果色差不是特别大，您可以把衣橱放在背阴的地方，不要让阳光直射，这样颜色差异就不太明显了。要不这样吧，我们给您打八折，退给您400元，您看怎么样？"

金牌技巧点拨

顾客没有主动提出退货，说明她希望导购能在价格上给予补偿，这时导购主动提出了解决方案，提出打折的具体方案，并征求顾客的意见，以满足顾客的要求。

YES ✓ 实战强化训练2

导购："先生，我非常理解您现在的心情，会尽全力帮助您解决问题，您能给我说说具体遇到了什么问题吗？"（顾客讲述完具体情况以后）"原来是这样，不好意思，由于工作上的失误，我们给您添麻烦了。您放心，我们一定会为此负责。您看这样行不行，我们马上安排送货人员为您重新送货？"

金牌技巧点拨

导购首先认同顾客的感受，表示愿意提供帮助，然后耐心地倾听顾客的抱怨，并立即着手解决顾客提出的问题，最后征求顾客对更换产品这一方案的意见，从而满足了顾客的要求。

YES ✓ 实战强化训练3

导购："先生，很抱歉，给您添麻烦了。我们再送您一套全新的产品吧，您看这样行吗？"

顾客："还有没有其他方案？"

导购："那您的意思呢？"

顾客："其实我也并不是一定要得到你们的赔偿，只是想让你们提出最合理的解决方案。"

导购："这样吧，我们不仅给您送一套全新产品，还送您一张300元的购物卡，您看怎么样？"

金牌技巧点拨

如果顾客提出"有没有别的解决方案"时，一般意味着顾客对导购的处理意见不满意。这时导购询问顾客的意见，从中获得了顾客的真实要求，并根据其要求提出了合理方案，从而使顾客满意。

92 情景演练 顾客抱怨产品质量太差，用了两周就有裂痕

NO ✗ 错误应对示例

1. "我们的产品从来没出现过这种问题。"

| 高手指点 | 导购的这种话没有凭据，况且虽然从来没出现过，不代表现在不可能出现。 |

2. "不会是您使用方法不当造成的吧？"

| 高手指点 | 这种说法是把产品的质量问题归到顾客身上，明显是在推卸责任，会让顾客十分生气。 |

WHY 深度情景解析

产品出现质量问题，一般有两种原因，一是产品本身有问题，二是顾客使用不当损坏产品。因此，导购必须了解产品质量出现问题的原因，然后再有针对性地进行处理。

当然，在处理顾客提出的这类异议时，无论是否属于商家自身的责任，导购都要首先向顾客道歉，然后了解出现问题的原因，并提出解决方案。

即使产品质量问题是顾客使用不当造成的，导购也要尽力弥补顾客的损失，千万不要推卸责任，指责顾客。在面对这种情况时，导购首先要道歉，就自己没有提前告知顾客使用时的注意事项而引起损害道歉；然后解释出现问题的原因，如受潮变形、受热不均导致裂缝等；最后提出解决问题的方案，如更换、修理等。最终让顾客满意。

YES ✓ 实战强化训练1

导购： "先生，很抱歉给您添麻烦了！为更好地解决您遇到的问题，您能说一说具体情况吗？"

顾客："我这几天把房间整理了一下，发现墙皮剥落了，这涂料质量也太差了吧？"

导购："先生，您是不是用水擦过墙啊？"

顾客："对啊，这样做有问题吗？"

导购："不好意思，这都怪我当时没跟您说清楚，使用这种涂料的墙壁不能用水擦洗。不过没关系，我们会为此负责的，我们会尽快安排专业人员帮您修复墙面，您家的墙壁肯定会像原来那样光洁如新。请问您什么时间方便？"

金牌技巧点拨

导购通过向顾客询问，了解到出现问题的真正原因在于顾客使用不当，然后向顾客道歉，承认自己告知不周的责任，并有针对性地提出了解决方案。

YES ✓ 实战强化训练 2

导购："很抱歉，给您添麻烦了，您能说一说具体是怎么回事吗？"

顾客："我前几天刚从你们这里买的玻璃茶几，才用了几天时间就有了裂纹，这质量未免也太差了吧！"

导购："原来是这样啊。请问您平常在茶几上放什么东西？"

顾客："就是一些日常用品啊，比如说糖果、点心、茶壶、茶杯之类的。"

导购："您用沸水泡完茶，茶壶是不是会放到茶几上？"

顾客："对啊，我经常会泡一杯茶，坐在沙发上休息。把茶壶放在茶几上多方便啊，不然我还得站起身来走到厨房倒水。"

导购："那您在茶壶下面垫上杯垫了吗？"

顾客："没有啊，为什么要放上杯垫？"

导购："不好意思，都怪我没有提前告诉您，玻璃很容易因为受热不均出现裂缝，所以要用杯垫隔热，这样才能防止茶几出现这种问题。当然，既然茶几出现了问题，我们会立即派安装人员前去修理，帮您换一块全新的茶几面板，您觉得怎么样？"

金牌技巧点拨

导购首先了解了产品出现质量问题的原因，同时告诉顾客防止产品出现质量问题的方法，最后提出了问题的解决方案。导购既为顾客普及了知识，还保障了顾客的权益，自然可以获得顾客的信任和认可。

YES ✓ 实战强化训练 3

导购："李女士，我十分理解您的心情，任何人遇到这种事都会觉得闹心。不过您购买的是实木家具，其实出现细小的裂缝是十分正常的现象，这是天然生长木材的共性。请您放心，实木家具出现裂缝是可以有效修复的，我现在马上安排维修工人到您家里帮您处理一下，您看您什么时候方便？"

金牌技巧点拨

导购向顾客解释了实木家具出现细小裂缝是很正常的现象，然后提出帮助顾客维修的解决方案，从而缓解顾客的担忧，使其对产品放心。

93 情景演练 顾客抱怨很长时间打不通售后电话

NO ✕ 错误应对示例

1．"真不好意思，我们的工作人员太少了。"

高手指点 导购的回答等于承认顾客的指责，而且没有解决任何问题。

2．"不会吧，您是不是拨错号码了？"

高手指点 这是在推卸责任，会引起顾客的反感。

WHY — 深度情景解析

顾客投诉是在表达不满，也是其发泄怒气的一种形式；特别是在投诉服务态度等问题时，顾客一般满怀怒气，希望可以通过投诉给自己的怒气找一个出口，一旦找到出口发泄一番，他们的情绪很快会平静下来。

导购在处理这种问题时一定要接受批评，诚恳道歉，给顾客发泄情绪的机会，不论产生问题的原因是什么，都不要和顾客争辩。在顾客诉说时，导购要仔细倾听，不能中途打断，否则只会使他们更加生气。

当顾客说完以后，导购可以简单解释问题出现的原因，如线路忙、客服人员不够、电话线路问题等，但不要说太多，最后承诺不会再出现这种现象，并询问顾客需要什么服务，为其解决问题。

YES ✓ **实战强化训练 1**

导购："先生，很抱歉没能及时接听您的电话，耽误了您的宝贵时间，请您原谅！我们以后一定会注意的，不会再出现这种现象。请问您有什么需要我帮助的吗？"

金牌技巧点拨

导购向顾客诚恳道歉，并表示类似情况不会再出现，然后询问顾客需要什么帮助，以帮助顾客解决问题。顾客在面对这样的答复时，一般会慢慢平复心情，不会再像刚开始那样充满抱怨。

YES ✓ **实战强化训练 2**

导购："女士，实在是不好意思，由于我们客服人员有限，线路太忙，没能接听到您的电话，耽误了您的宝贵时间。我会向公司建议增加一些客服人员，以后尽量不会出现今天这种情况。很抱歉，希望您能原谅我们这次的失误。请问我能为您提供什么帮助吗？"

金牌技巧点拨

导购向顾客诚恳道歉以后简单说明了没能接听电话的原因，但并没有在这上面纠缠，而是提出了改善这一问题的方案，并承诺以后不会再出现类似错误，最后恳求顾客原谅，并继续为顾客提供服务。

YES ✓ **实战强化训练 3**

导购："很抱歉耽误了您的宝贵时间，给您添麻烦了。我们的电话线路出了问题，所以没能及时接听到您的电话。虽然电话线路的问题是客观原因造成的，但我们还是有责任，希望您能谅解。请问我能为您提供什么帮助吗？"

金牌技巧点拨

　　导购首先对顾客的问题进行了简单解释，但并没有把责任推给客观因素，而是主动承担责任，并诚恳道歉；然后继续了解顾客需求，帮助顾客解决问题。这种工作态度自然会很快消除顾客的不满情绪。

94 **情景演练** 顾客抱怨装修质量太差，才几天水管就漏了

NO ✕ 错误应对示例

1. "装修工人是外聘的，我们管不了。"

高手指点 导购在推卸责任，顾客会认为商家不值得信任。

2. "我们安装的时候是好的。"

高手指点 这是推卸责任的说法，似乎在说顾客损坏了产品。顾客听到这种话会非常生气。

WHY 一 深度情景解析

　　顾客投诉装修工人的服务质量时，导购一定要认真对待，如果不能及时进行处理，让顾客满意，很可能会损害企业的口碑，失去更多的顾客。

　　在处理这种问题时，导购一定不要推卸自己的责任，而是要在第一时间予以处理，尽可能减少投诉带来的不良影响。假如导购没有真心实意地为顾客解决问题，而是找借口敷衍，推卸责任，其产生的后果会比装修质量问题更严重。

　　当接到装修质量的投诉时，导购要做的事情有以下几点：立即派人上门修理，更换全新产品，赔偿顾客损失，并处理直接责任人。

YES ✓ 实战强化训练 1

导购："先生，我非常理解您现在的心情，遇到这种事情确实非常闹心。您别急，我马上安排专业人员到您家里修理，尽快为您解决问题，您看这样成吗？"

顾客："只修理就完了吗？水管流出来的水都快把我们家厕所淹了！"

导购："为了防止问题更加严重，现在要做的是尽快修理好您家的水管。请您放心，我们一定会负责到底，赔偿您的全部损失。"

金牌技巧点拨

导购对顾客的心情表示理解，然后立即帮助顾客解决问题，并承担问题所造成的赔偿责任。这样认真对待顾客反映的问题，顾客一般会停止抱怨。

YES ✓ 实战强化训练 2

导购："女士，您先别着急，我明白您说的问题了，我马上安排专业人员帮您修理，争取尽早帮您解决问题。我们的工作人员大概 1 个小时后就能到您家，请您稍候。"

金牌技巧点拨

导购首先宽慰顾客，然后立即行动。这让顾客相信自己的问题可以尽快得到解决，因此会逐渐缓和自己的不满情绪。

YES ✓ 实战强化训练 3

导购："先生，我理解您现在的心情，我们马上派人过去修理。如果我们无法修理，就会为您更换一个新产品。请您放心，最后的结果一定会让您满意。如果出现的问题确实是安装人员疏忽造成的，我们一定会做出让您满意的处理。请您在家稍微等一会儿，我们马上就到。"

金牌技巧点拨

导购在接到顾客的投诉后，首先展开行动，帮助顾客解决问题，然后才调查事件起因，找到问题产生的原因，并承诺会按照实际情况承认责任，把问题处理好。

95 情景演练 非产品质量原因顾客坚决要求退货

NO ✗ 错误应对示例

1. "你这个人怎么蛮不讲理啊？"

高手指点 导购说这种话是在顶撞顾客，会激起顾客的怒火，将事态扩大。

2. "如果不是质量问题，我们是不能退换的。"

高手指点 这是一种常见的回答，但过于生硬，不容易被顾客接受。

WHY 深度情景解析

一般来说，顾客在投诉时的要求并不高，他们只是想要得到最基本的理解和尊重。他们也不会无缘无故地要求退货，一定是因为出现了令他们无法容忍的问题。如果导购不能彻底解决这个问题，顾客就会向更多的人传播与企业有关的不利信息。

导购在处理顾客的这种异议时，无论退不退货，都要明确问题的责任人，对于自己的责任要勇于承担，不属于自己的责任也要说清楚，以免让顾客误以为如此积极地处理是因为自己理亏，进而使不利于公司的信息得到扩散。如果沟通后顾客还是不能理解，坚持要求退货，导购可以引导他们用其他方式代替退货。

YES ✓ 实战强化训练

导购："先生，很抱歉给您添麻烦了。您放心，只要是我们的问题，我们一定会负责到底。在您购买的时候，这套家居还没有出现您说的这个问题，听了您说的一番话，我感觉问题出现在您的使用过程中。其实，我们公司规定非质量问题不予退货，不过，我们可以派人为您免费修理，一定确保您的正常使用。您看这样可以吗？"

金牌技巧点拨

导购和顾客进行沟通，明确了问题的责任方，并在坚持自己的立场的前提下尽可能满足顾客的要求，以免费修理代替退货。

96 情景演练 顾客抱怨客服态度太差，挂掉了他的电话

NO ✕ 错误应对示例

1. "不会吧？是不是您态度不好啊？"

高手指点	这是推卸责任的说法，会让顾客十分生气，属于"火上浇油"。

2. "您记下工号了吗？请告诉我这个客服的工号，我们会为您调查的。"

高手指点	这种回答有一种敷衍顾客的感觉，似乎在说："如果没记下工号，我们不会帮您调查。"

WHY ➊ 深度情景解析

企业的品牌形象经过导购、送货安装人员等人的努力，会逐渐得到顾客的认可。但顾客在遇到问题时，可能会询问客服人员，一旦客服人员应答不当，很容易损害辛苦建立起来的良好品牌形象。

因此，当导购接到顾客针对客服人员工作态度太差的投诉时，这说明顾客对企业及其品牌的整体印象正在逐渐变差。

此时，导购要做的就是重新提升品牌形象。导购要认同顾客的感受，站在顾客的角度考虑问题，使其认为我们是真的在为他们着想，从而化解他们的怒气，让他们更容易认同我们提出的解决方案。

YES ✓ 实战强化训练 1

导购："先生，我十分理解您的心情，这都是我们工作人员的错，无论如何我们都不能先挂掉您的电话。您放心，我一定会向老板反映这一情况的，保证以后不会再出现这种情况，希望您能原谅。请问我能帮您做点儿什么呢？"

金牌技巧点拨

导购首先认同顾客的感受，并向顾客诚恳道歉，然后通过向上级反映情况来帮助顾客解决问题，让顾客感受到被重视、被尊重，从而化解其怒气。

YES ✔ 实战强化训练 2

导购："非常抱歉，我们的客服人员真是太不懂事了，怎么能挂掉您的电话呢？您放心，我们一定会调查这件事，并对这位客服人员进行严肃处理，扣掉他这个月的奖金，让他知道自己错在哪里，这样他以后就不敢挂断顾客的电话了。您消消气，不要跟他一般见识。请问我能为您做点儿什么呢？"

金牌技巧点拨

导购首先对顾客表示歉意，然后表示会对客服人员严肃处理，既为顾客出气，也能对以后的售后服务做出改进。导购说话时一直站在顾客的立场上，让顾客认为导购就是他的知心人，从而对导购及其代表的品牌产生好感。

YES ✔ 实战强化训练 3

导购："很抱歉给您带来这么大的麻烦，这都是我们对客服人员管理不善造成的，这是我们的责任。我在这里代我们的客服人员向您道歉（向顾客鞠躬）。为了表示歉意，我们会赠您一张×××双人床的 500 元代金券，希望您继续支持我们的品牌。"

金牌技巧点拨

导购首先向顾客道歉，并代出错的客服人员道歉，还用鞠躬表现出了自己的诚意，最后给予顾客补偿，以争取获得顾客的原谅。

97 情景演练 顾客认为维修收费很不合理

NO ✘ 错误应对示例

1. "我们一向都是这个标准。"

> **高手指点** 这种回答过于强势，很容易引起顾客的不满。

2. "这算是很合理的收费了。"

> **高手指点** 这种说法有质疑顾客胡乱抱怨的嫌疑，而且也没有拿出证据来证明收费的合理程度，无法让顾客认同。

家居建材产品都有免费保修期，但过了免费保修期以后，产品一旦出现故障，厂家在维修时会收取一定的配件费、修理费和上门费，这是很多顾客非常关注的问题。

一个合理的保养服务应当有合理的价格，这样才能吸引更多顾客，并使其产生很高的品牌忠诚度。

导购要想解决顾客提出的维修费不合理的异议，最关键的是说清楚费用的具体构成，让顾客明白，这样的收费标准是合理的，使其感觉物有所值，甚至物超所值，这样才能获得他们的认可。

一般来说，导购可以从以下几个方面来证明收费标准的合理性：

（1）维修人员是经验丰富的专业人士，可以更好地恢复家居的神韵，让家居重新焕发光彩。

（2）我们所拥有的维修工艺、技术、材料和流程等可以保证更好地修复家居。

（3）适当透露一些内部消息，证明价格并不高。

YES ✓ 实战强化训练 1

导购： "先生，我能理解您的感受，如果是我遇到这种情况，我会和您有一样的想法。不过，因为您买的是传统红木家居，修理过程很复杂，所以这样算下来，我们的维修价格其实是很合理的。您肯定对红木家居也十分了解，修理这种家居，不仅要形似，还要留有它原来的神韵，不然就是对这种家居的破坏。我们的修理人员都是老手艺人，有30年的红木家居制造修理经验，十分擅长修复老式红木家居，经过他们修复，老式红木家居不仅可以像以前那样完整，更可贵的是，他们还保留了红木家居那独具一格的风韵气质。所以说，请他们来修复是一件十分划算的事情，您说对吧？"

金牌技巧点拨

导购首先认同顾客的感受，然后通过强调修理人员的技术、经验来解释维修价格的合理性，并称赞顾客是行家，让顾客不得不承认价格是合理的。

YES ✓ 实战强化训练 2

导购："先生，我非常理解您的想法，因为我们很多顾客也曾有过和您一样的疑问，但他们后来都改变了自己的看法，您知道为什么吗？"

顾客："为什么？"

导购："他们在知道我们的修理流程之后，发现我们的维修价格标准其实并不高。"

顾客："是吗？那你们的修理流程是怎么样的？"

导购："简单来说，我们的修理流程一共分为五步：第一步是清洗，彻底清洁旧家居；第二步是去漆，用细砂纸轻轻摩擦损坏的位置；第三步是整修，修理损坏的部位；第四步是精打磨，这样做是为了更好地上蜡或上漆；第五步是做漆面，最后呈现出来的便是光洁如新的家居。"

顾客："听起来是挺复杂的啊！"

导购："虽然复杂，但很值得，因为这样处理以后，家居看上去和新的一样。所以说，尽管我们的维修费用稍微高一些，但也是很合理的，绝对物有所值。"

金牌技巧点拨

导购首先表达了对顾客的同理心，然后用其他顾客改变想法来吸引顾客的好奇心，接着详细介绍了维修流程的复杂性，让顾客逐渐接受高价位的维修费用。

YES ✓ 实战强化训练 3

导购："您有这种想法也很正常，因为我们的家居保养费用确实不低。我们实行会员制，您只需每年缴纳一定的会费，当家居出现问题或需要保养时，您只要打电话通知我们，我们就会派专人上门维修保养，不用您再交维修保养费用了。"

顾客："我的家居要是没有坏，那不白交钱了吗？"

导购："每一个人都不想让自己的家居出现问题，您这样想当然有您的道理，不过，毕竟您购买的是高档家居，其材质十分珍贵，而且要定期保养才能保证它的质量，延长其使用寿命，否则会出现很多问题，那样就严重影响了您的家居生活体验。通常情况下，这种家居最好每 3 个月就做一次彻底性的保养，一年做 4 次保养。其实您缴纳的这些会费并不多，还不到我们两次的保养成本，如果您不信的话，可以问问其他公司的保养价格。我们推出这种会员政策，就是为了回馈老顾客的大力支持。"

金牌技巧点拨

导购向顾客说出会员政策，在顾客质疑会不会白交钱后，导购详细地介绍了家居保养的重要性，并解释会费的优惠力度，最后说明推出会员政策的原因，进一步增加了顾客对价格的信任。

98 情景演练 顾客说如果一周仍未解决问题就去消协投诉

NO ✕ 错误应对示例

1. "那您就去投诉吧！"

高手指点 导购这样说是在顶撞顾客，会让本来就很生气的顾客更加愤怒。

2. "您这人怎么不讲道理啊，我们负责不了的事怎么帮您解决啊！"

高手指点 这种说法指责顾客不近人情，会让他们更不满。

WHY — 深度情景解析

顾客的这种投诉一般针对三个方面：一是产品的质量，二是门店的环境、设施和样品，三是导购的服务和态度。当顾客说出要去消协投诉时，这说明事态已经发展到十分严重的地步，如果不能合理地解决异议，就会导致非常严重的后果。

因此，导购在面对这种情况时要认真对待，设身处地为顾客考虑，千万不要推诿搪塞，更不能顶撞和责怪顾客。导购首先要真诚地道歉，最大限度地平息顾客的不满情绪，然后再针对不同的情况给予具体的解释，并承诺在顾客指定的时间一定给予满意的答复。

YES ✓ 实战强化训练 1

导购："先生，很抱歉，不管怎么样，我都要向您说一声'对不起'，由于我们员工的工作态度问题，给您带来了这么大的麻烦，实在是不好意思！请您放心，检验结果一出来，我们会马上通知您，给您一个合理的解释。只要是我们的责任，我们一定承担，该退换的退换，该赔偿的赔偿。您看怎么样？"

金牌技巧点拨

导购首先向顾客真诚道歉，然后承诺检验结果出来后马上通知顾客，给予其合理解释，并承诺一定承担属于自己的责任。这样做可以在最大程度上平息顾客的愤怒情绪。

YES ✓ 实战强化训练 2

导购："美女，我十分理解您的感受，如果我是您，说不定比您还生气。您放心，您的事就是我的事，我一定帮您处理。您别急，一周之内我们肯定会把产品送到您家的。您消消气，喝杯水吧！"

金牌技巧点拨

导购对顾客将心比心，并承诺一周之内保证把产品送到顾客家里，最后还体贴地请顾客喝水。这样的处理态度自然会赢得顾客的信任，后面的问题也将迎刃而解。

YES ✓ 实战强化训练 3

导购："是的，都是我们的错，希望您给我们一次改正错误的机会，也感谢您指出我们的错误。您放心，我们在一周之内肯定会给您一个满意的答复。"

金牌技巧点拨

导购首先诚恳道歉，然后感谢顾客用投诉的方式指出错误，这样会让顾客有一种高高在上的感觉；最后导购承诺一定给出满意的答复，化解了顾客的怨气。

99 情景演练 顾客投诉的问题不是公司的责任

NO ✕ 错误应对示例

1. "这根本就不是我们的问题，为什么要我们赔偿损失？"

| 高手指点 | 尽管说的是事实，但对顾客的态度太鲁莽，会让顾客下不来台，使其火气更大，不利于解决问题。 |

2. "先生，不会是您在使用时操作不当才损坏产品的吧？"

| 高手指点 | 这种说法是在推卸责任，而且把责任推卸到顾客身上，这会让顾客十分生气。 |

WHY 深度情景解析

有些顾客非常气愤地前来投诉，但在经过调查以后发现，顾客反映的问题并不存在，或者并不是公司的责任。这时导购要如何应对呢？

业内有一句话："如果你发现顾客非常不讲道理，那么十有八九是你让顾客不讲道理，或者是自身的工作没有做好。"顾客实际上并没有太高的要求，只是希望能够获得应有的服务和尊重，只要导购对其表示足够的重视，使其感觉到你是在为其利益考虑，他们就会接受并认可你。

在证实顾客投诉的问题不存在或者责任不属于公司后，导购不要把责任推到顾客身上，这样会激怒顾客。导购要做的是道歉和安抚，把顾客的不满遏制在投诉的开始阶段。

很多导购认为主动道歉是承认自己有错，其实不然，这只是对顾客不愉快的经历表示同情。"给您造成不便，十分抱歉""给您添麻烦了，实在对不起"等道歉语言可以很好地平息顾客的不满情绪。在道歉之后，导购不用和顾客讲大道理，而是把问题丢给顾客，让顾客主动说出自己想要获得的结果，如"我能理解您的感受，您看我可以为您做

些什么呢"。导购要站在顾客的角度思考问题，使顾客感受到你是在真诚为其考虑，顾客自知理亏，不会继续为难你。

YES ✓ 实战强化训练

顾客："你们的产品质量太差了，和你们刚开始说的一点儿都不一样！你们必须给我全额退款，赔偿我的损失！"

导购："刘先生，很抱歉给您造成不便！不过您刚才说的这个问题，我们经过调查，证实责任不在我们，这是书面报告请您过目。您也是我们的老顾客了，肯定知道我们的服务宗旨，只要是我们的问题，我们一定会负责到底。"

顾客："反正我没错。"

导购："刘先生，您提出的这个问题就好比买了一个水龙头，用水时湿了自己的衣服，您难道会向卖水龙头的人追究责任吗？您提的这个问题确实不属于我们的责任范围，我们很难处理，实在是对不起！不过，我个人还是很乐意帮助您的，如果您再有什么问题，可以随时打电话给我，好吗？"

金牌技巧点拨

导购在面对顾客的投诉时，尽管知道责任不在自己这一方，但仍然对顾客表示歉意，并举出责任不在于自己的证明，然后继续向顾客表示歉意，同时表示愿意为其服务，让顾客感觉到自己被重视，自知理亏而取消投诉。

100 情景演练 顾客投诉的问题确实存在，但赔偿得太多

NO ✗ 错误应对示例

1. "虽然是我们的责任，但您也不能狮子大开口吧？"

高手指点	明明是自己的责任，还顶撞顾客，一点儿都不低头，只能赢了气势，丢了顾客。

2. "您就说您到底想要多少赔偿吧？"

高手指点	这种说法有埋怨顾客不讲理的意思，会让本来就非常生气的顾客变得更加生气。

WHY 深度情景解析

一般来说，如果顾客投诉的问题确实是商家的责任，顾客通常会提出赔偿要求，这也是非常合理的要求。但是，有些顾客会认为责任方在商家，便提出一些额外的要求，超出了该问题合理的赔偿范围。如果公司对顾客的无理要求也都全部满足，那么公司的利益就会受损。

面对这种情况，导购不能直接拒绝，也不能随便答应。如果是自己职权范围内可以解决的，导购要尽快为顾客提供一个合理的解决方案，并解释清楚这样做的原因。

如果顾客不同意，导购可以使用法律措施来保护公司的利益，向顾客表示该问题只能以这样的方案得到解决，并在必要时向顾客提供一些额外的补偿，如赠送礼品等，以减少顾客的损失。

如果顾客仍然不满意，或者该问题超出了自己的职权范围，导购就要把该问题提交给领导处理，并让顾客耐心等待处理结果。

YES 实战强化训练

顾客："你们怎么搞的，安装衣柜居然把我们家的瓷砖砸坏了！"

导购："王先生，实在不好意思……"

顾客："光说不好意思有什么用，你们要赔偿我的损失！"

导购："王先生，您放心，是我们的责任，我们肯定会负责到底的。这样吧，麻烦您让您的装修师傅把坏掉的砖换掉，买瓷砖的钱和工钱我们出，您看这样行吗？"

顾客："就这么简单吗？我们本来计划下周把家里的东西搬到新房子里，这下就耽误了，这要怎么算？"

导购："王先生，十分抱歉！出了这样的问题，大家都不愿。铺瓷砖用不了多少时间，我问过旁边的瓷砖店了，半天左右就够了。为了表示我们的歉意，我会向领导申请赠您一套厨具，您看这样行吗？"

顾客："这还可以。"

金牌技巧点拨

　　导购在面对顾客投诉时，首先表示了歉意，并表示愿意赔偿损失，但当顾客要求加大赔偿力度时，导购一方面把顾客夸大的问题严重性缩小了，另一方面也表示尽力为顾客争取利益。这样做就给了顾客面子，减少了顾客的损失，最终使顾客满意。